BEIJINGSHI HAIDIANQU WENHUA CHUANGYI CHANYE
JINGJI FAZHAN YANJIU

北京市海淀区文化创意产业经济发展研究

狄浩林 著

经济日报出版社

图书在版编目（CIP）数据

北京市海淀区文化创意产业经济发展研究／狄浩林著.— 北京：经济日报出版社，2018.8
ISBN 978-7-5196-0405-9

Ⅰ.①北… Ⅱ.①狄… Ⅲ.①文化产业-产业发展-研究-海淀区 Ⅳ.①G127.13

中国版本图书馆 CIP 数据核字（2018）第 163316 号

北京市海淀区文化创意产业经济发展研究

作　　者	狄浩林
责任编辑	张　丹
出版发行	经济日报出版社
社　　址	北京市西城区白纸坊东街 2 号
邮政编码	100054
电　　话	010-63567684（总编室）
	010-63538621　63567692（发行部）
网　　址	www.edpbook.com.cn
E-mail	edpbook@126.com
经　　销	全国新华书店
印　　刷	北京建宏印刷有限公司
开　　本	710×1000 mm　16 开
印　　张	13
字　　数	200 千字
版　　次	2018 年 8 月第一版
印　　次	2018 年 8 月第一次印刷
书　　号	ISBN 978-7-5196-0405-9
定　　价	42.00 元

版权所有　盗版必究　印装有误　负责调换

序

北京市海淀区是一个高等院校、科研机构、高新技术企业云集的区域，文化底蕴深厚，拥有"三山五园"等世界知名历史文化遗迹，并肩负着开发大西山文化长廊、建设故宫北园的历史重任。海淀区文化创意产业的发展不仅为有效传播中华民族优秀历史文化做出贡献，而且为文化与尖端科技融合、实现文化创意产业化路径进行积极的探索，为高质量的绿色经济发展提供有力支撑。

2010年以来，在各级政府的关怀下，海淀区文化创意产业的发展壮大起来。在2010~2016年间，海淀区文化创意产业收入从2842.8亿元发展到6389.2亿元，实现收入翻一番的良好发展势头，占全市文化创意产业收入的四成以上；从业人员从37.4万人发展到60.9万人，劳动生产率提高到104.9万元/人年，增长了近一半。同时，以软件信息技术服务业为龙头的行业逐渐壮大起来，从1867.6亿元发展到4361.3亿元，占海淀区文化创意产业收入的68%，为文化创意产业其他行业与软件信息技术融合奠定坚实的基础。新闻出版及发行服务、广播电影电视服务行业经济运行稳定。广告和会展服务、设计服务行业得到充分发展，分别从119.9亿元、104.8亿元增长到551.7亿元、226.9亿元，特别是广告领域，发展速度快，资金利用率高，成为新的经济增长点。文化休闲娱乐服务行业新热点不断涌现，以小长假、研学游、大西山文化为主题的旅游热点受到青睐，人民生活更加丰富多彩，逐渐形成为全国科技创新核心区（海淀区）配套的多样化文化服务氛围。

结合海淀区实际情况，在研究产业发展理论的基础上，借鉴国内外文化创意产业发展经验，提出文化创意产业经济发展评价指标。该指标由6

项基础指标（即单位数、收入、利润、资产、税金、从业人员）和其他15项指标构成，用于测算文化创意产业的规模、产业结构、人才结构、集聚效应、经济效益。根据2015~2017年不同年份的发展要求，选取其中侧重的指标进行重点分析，持续跟踪，探索新型细分领域的发展热点、发展规律，总结各行业发展经验，逐步建立政府牵头的行业沙龙活动、重点项目推荐会、主要园区调研等，积极拓宽文化创意产业发展路径，打造文化创意产业品牌企业，搭建文化创意产业投融资平台，为政府相关部门提供决策依据。

利用专题研究，摸清海淀区辖区内市级文化创意产业园区内企业的基本情况、居民文化消费情况和特征、设计服务类企业发展情况、博物馆和艺术品交易发展情况、文化领域非公企业的党建情况、旅游业经济运行情况和旅游业新型业态的发展情况，为制定相关行业政策提供数据依据。研究表明，2015年，海淀区居民恩格尔系数为29.8，基本达到富足水平，其中文化消费占居民消费总额的14.2%。手机成为继电视之后新的信息获取工具，成为文化消费的主流设备。文化创意产业园区供给方面，清华科技园产业特征明显，特别是软件信息技术服务业，基础好，人才储备足，经济效益好。在文化创意产业园区的带动下，成长了一批具有明显文化创意特点的企业，逐渐成为海淀区文化创意产业的新亮点。

研究过程中，研究内容得到中国人民大学统计学院院长赵彦云教授、北京工商大学李宝仁教授、原国家统计局工业司司长杨宽宽、原北京市统计局总统计师侯小维等专家的精心指导，在此表示衷心的感谢！

最后，特别感谢北京市海淀区统计局、北京市海淀区文化促进中心、北京市海淀区旅游发展委员会等政府机构的指导，感谢中关村科技园区海淀园、中关村创业大街、中关村智造大街等相关机构的大力支持。没有他们的帮助，本书难以面世。当然，由于水平有限，文中难免有一些错误，我们愿意诚恳地接受读者的批评指正。

狄浩林
2018年3月21日于北京

目录 CONTENTS

理论篇

I

文化创意产业概述 ······ 2
- 一、文化创意产业基本概念及其演变 ······ 2
- 二、文化创意产业的统计分类与统计口径 ······ 5
  - （一）国外统计分类 ······ 5
  - （二）国内统计分类 ······ 6
  - （三）统计口径的主要差异 ······ 7
- 三、国外文化创意产业发展情况简述 ······ 7
  - （一）英国 ······ 8
  - （二）日本 ······ 9
  - （三）美国 ······ 9
  - （四）法国 ······ 10

II

文化创意产业经济发展理论综述 ······ 11
- 一、文化消费基本理论 ······ 11
- 二、主要经济发展理论 ······ 12
  - （一）现代经济增长理论 ······ 12
  - （二）产业组织结构理论 ······ 12
  - （三）产业集中度提升的主要动力 ······ 12
  - （四）集中度测量相关理论 ······ 13

三、文化创意产业经济发展评价指标设计 ………………… 14
　　（一）设计原则 …………………………………………… 15
　　（二）区域文化创意产业经济影响因素分析 …………… 16
　　（三）构建区域文化创意产业经济发展评价指标 ……… 16

年度报告篇
Ⅲ

海淀区文化创意产业经济发展研究（2015）………………… 23
　一、"十二五"期间海淀区文化创意产业总体情况 ………… 23
　　（一）产业规模持续增长，经营成本有所升高 ………… 24
　　（二）产业结构稳定，软件、网络及计算机服务仍居主导地位 … 25
　　（三）文化创意产业仍居全市首位，产业拉动效应明显 ……… 25
　二、"十二五"期间海淀区文化创意产业盈利能力分析 ……… 26
　三、"十二五"期间海淀区文化创意产业社会贡献评价 ……… 28
　四、九大行业发展情况及阶段分析 ……………………………… 29
　　（一）九大行业发展概况 ………………………………… 29
　　（二）九大行业发展阶段分析 …………………………… 30
　五、海淀区文化创意产业发展趋势分析 ………………………… 32
　　（一）总体趋势分析 ……………………………………… 32
　　（二）新型业态剖析 ……………………………………… 34
　六、2015年海淀区文化创意产业经济发展状况 ……………… 38
　　（一）基本情况 …………………………………………… 38
　　（二）经济地位 …………………………………………… 39
　　（三）各行业经济发展特色鲜明 ………………………… 40
　七、存在的主要问题及未来发展方向选择 ……………………… 44
　　（一）软件、网络及计算机服务行业发展迅猛，高科技拉动产业融合发展 ………………………………………………… 44
　　（二）品牌建设长效机制亟待完善，加快培育影响力大、口碑好的国际品牌 …………………………………………… 45

（三）稳定企业数量，扩大企业规模，深入挖掘利润增长点 … 45
（四）加强社会服务能力的调查，充分吸纳就业，营造无污染、多元化的文化氛围 … 48
（五）充分发挥教育、科研优势，打造新时代、高科技特征文化底蕴 … 49

IV

海淀区文化创意产业经济发展研究（2016） … 50

一、海淀区文化创意产业总体情况 … 50
（一）全年营业收入高位增长，增速达12% … 50
（二）产业结构有所调整，广告和会展服务、设计服务行业发展较快 … 53
（三）营业收入占全市比重仍居首位 … 54
（四）行业发展情况 … 54
（五）行业特点分析 … 56

二、产业集中度分析 … 58
（一）海淀区文化创意产业集中度（CRn）提高 … 58
（二）海淀区文化创意产业分行业集中度差异大 … 59
（三）海淀区文化创意产业竞争程度进一步提高 … 60
（四）企业效率有所提升 … 61

三、"互联网＋文化产业" … 62

四、总结与建议 … 63

V

海淀区文化创意产业经济发展研究（2017） … 65

一、海淀区文化创意产业总体情况 … 65
（一）产业规模 … 65
（二）产业结构 … 66
（三）经济效益 … 68

二、行业发展情况 … 68
（一）9大行业发展情况概况 … 68
（二）各行业发展特点剖析 … 70

三、文化创意产业的创新能力 ·················· 77
　（一）研发投入 ·························· 77
　（二）新增知识产权 ······················ 78
　（三）人才质量 ·························· 78
四、文化创意产业园区发展情况 ················ 79
　（一）文化创意产业园区发展基本情况 ········ 80
　（二）园区实现总收入 2236.1 亿元 ·········· 80
　（三）园区实现总营业利润 200.9 亿元 ········ 81
五、总结与建议 ···························· 82

专题研究篇
VI

海淀区文化消费水平调研报告 ················ 87
一、文化消费相关理论在研究海淀区文化消费中的应用 ······ 87
　（一）文化消费的研究方法 ················ 87
　（二）文化消费的相关概念 ················ 88
　（三）文化消费的基本特征 ················ 88
　（四）反映文化消费水平的指标体系 ·········· 89
二、海淀区文化消费的环境分析 ················ 91
　（一）区域经济增长态势良好为文化消费奠定基础 ······ 92
　（二）文化创意产业快速发展营造良好文化消费氛围 ···· 92
　（三）居民消费能力稳中有升带动消费结构优化升级 ···· 92
三、海淀区居民文化消费现状 ·················· 93
　（一）影响海淀区居民消费的主要因素 ········ 93
　（二）文化消费产品及服务情况 ·············· 95
　（三）居民文化消费能力状况 ················ 97
　（四）居民文化消费意愿状况 ················ 98
四、海淀区居民文化消费存在的问题 ·············· 99
　（一）海淀区居民文化消费占比低 ············ 99

  （二）海淀区居民文化消费结构不够合理 …………………… 100
  （三）文化消费价格较高 ………………………………………… 100
  （四）公共文化设施布局亟待优化 ……………………………… 101
  （五）海淀区居民闲暇时间不多 ………………………………… 101
  （六）海淀区居民文化消费区域具有明显的局限性 …………… 101
 五、政策建议 …………………………………………………………… 102
  （一）培育和扶持海淀区重点文化企事业单位做强做大，夯实海淀
     区文化产业大区基础 …………………………………… 102
  （二）建立海淀区文化消费引导基金，支持文化消费发展 …… 102
  （三）加强新文化业态的支持力度，激发文化消费需求 ……… 103
  （四）开拓海淀区旅游休闲文化市场，促进总体文化消费 …… 103
  （五）优化海淀区文化消费场馆布局，疏通消费薄弱环节 …… 103
  （六）建立海淀区文化产品和服务的价格调控机制，提升居民文化
     消费意愿 ………………………………………………… 104
  （七）加强海淀区居民社会保障体系建设，确保文化消费无后顾之忧 104
  （八）加强海淀区文化消费监测，建立文化消费动态评价体系 104

VII

海淀区文化创意产业园区调查报告 ……………………………………… 105
 一、文化创意产业园区发展基本情况 ………………………………… 105
 二、各园区占比分析 …………………………………………………… 106
 三、园区规模及效率分析 ……………………………………………… 107
 四、园区企业行业特征分析 …………………………………………… 109
 五、各园区特征及功能分析 …………………………………………… 111
 六、几点建议 …………………………………………………………… 117
 一、文化创意产业园区发展基本情况 ………………………………… 118
  （一）产业规模 …………………………………………………… 119
  （二）产业结构 …………………………………………………… 121
 二、集聚情况 …………………………………………………………… 122
  （一）企业数量及分布情况 ……………………………………… 122
  （二）园区集聚特征 ……………………………………………… 124

三、自主创新能力 ………………………………………… 128
　（一）研发投入 ………………………………………… 129
　（二）新增知识产权 …………………………………… 129
　（三）人才质量 ………………………………………… 130
四、园区经济效率分析 …………………………………… 131
五、园区评价及需求分析 ………………………………… 133
　（一）园区吸引力要素 ………………………………… 133
　（二）企业入驻园区的影响因素 ……………………… 134
　（三）企业困难及需求 ………………………………… 135
六、政策建议 ……………………………………………… 136

VIII

海淀区旅游业经济发展研究 …………………………… 141

一、旅游产业发展总体情况 ……………………………… 141
二、行业发展情况 ………………………………………… 145
　（一）旅行社 …………………………………………… 145
　（二）住宿业 …………………………………………… 145
　（三）景区（点）……………………………………… 146
　（四）乡村旅游 ………………………………………… 147
　（五）新业态旅游 ……………………………………… 147
三、旅游业发展思考与建议 ……………………………… 147
　（一）加强景区景点建设 ……………………………… 147
　（二）推进乡村旅游集约化发展 ……………………… 148
　（三）积极引导旅游消费 ……………………………… 148
　（四）构建完善的旅游产业指标体系 ………………… 149

IX

海淀区旅游业新业态经济发展实证研究 ……………… 150

　（一）2015~2016年大西山项目发展情况 …………… 151
　（二）2017年大西山项目发展情况 …………………… 154

（三）问卷调查及分析 ·· 155
　　（四）总结与建议 ·· 158
　　（一）接待人数 ·· 159
　　（二）营业收入 ·· 160
　　（三）人均消费 ·· 161
　　（四）问卷调查情况 ·· 162
　　（五）当前存在的问题 ·· 168
　　（六）总结与建议 ·· 168

X

海淀区设计类企业调研报告 ·· 170
　一、设计类企业发展状况 ·· 170
　　（一）研发设计 ·· 170
　　（二）行业交流 ·· 171
　　（三）设计人才 ·· 171
　　（四）价格竞争与知识产权保护 ······································ 172
　　（五）企业融资与所有权状况 ·· 172
　　（六）企业发展过程中的问题 ·· 173
　二、北京市发展设计产业的两大尝试及其利弊 ······························ 173
　　（一）设计周活动 ·· 173
　　（二）北京林业大学全产业链试点项目 ································ 175
　三、政策建议 ·· 176

XI

海淀区推进博物馆和艺术品交易　行业快速发展繁荣对策研究 ············· 177
　一、海淀区博物馆和艺术品交易行业的发展现状 ···························· 177
　　（一）海淀区博物馆业发展现状 ······································ 177
　　（二）海淀区艺术品行业发展现状 ···································· 178
　　（三）海淀区博物馆和艺术品行业融合发展优势显著 ···················· 179
　二、海淀区博物馆和艺术品交易行业存在的主要问题 ························ 180

  （一）博物馆和艺术品交易行业发展相对缓慢 …………… 180
  （二）博物馆人才匮乏，展览水平亟待提升 ……………… 181
 三、加快推进海淀区博物馆和艺术品行业发展繁荣的战略对策 … 181
  （一）总体要求 …………………………………………… 181
  （二）思路创新 …………………………………………… 181
  （三）强化"三个结合"，进一步拓展博物馆产业链 …… 182
  （四）培育"四大品牌"，倾力打造海淀文化高地 ……… 182
  （五）五大举措 …………………………………………… 183

XII

海淀区文化领域非公企业党组织建设基本情况调查报告 …… 184
 一、调查背景 …………………………………………………… 184
 二、党组织发展现状 …………………………………………… 185
  （一）党组织建设情况 …………………………………… 185
  （二）党员干部任职情况 ………………………………… 186
  （三）党组织活动及活动经费情况 ……………………… 186
  （四）党员与非党员对党建工作的评价情况 …………… 187
 三、调查中反映的突出问题 …………………………………… 187
  （一）党组织建设缺口大，任务重，新增党组织发展缓慢 …… 187
  （二）党员人数少，比例低，新党员发展工作亟待加强 …… 188
  （三）党组织活动少、经费不足、形式僵化，需进一步提升 …… 188
 四、政策建议 …………………………………………………… 189
  （一）制定海淀区文化领域非公企业党建工作发展规划 …… 189
  （二）加强领导，突出重点，整体推进非公企业党建工作 …… 189
  （三）建立非公党建工作的长效跟踪调查反馈机制 …… 190

参考文献 ………………………………………………………… 191

理论篇

Ⅰ

文化创意产业概述

文化创意产业是文化产业发展到新阶段的产物，文化创意产业繁荣发展标志着区域文化、经济事业发展到崭新阶段，进入经济发展新时期。科学评价文化创意产业经济发展状况，对地区产业政策制定至关重要。文化创意产业经济发展评价模型与区域经济发展相结合的实证研究是一个全新的研究方向，本文以海淀区文化创意产业经济发展状况为基础，提出创建文化创意产业经济发展评价模型体系的构想，结合海淀区区域经济发展进行实证研究，提出建立评价海淀区文化创意产业经济发展的指标体系构想，并从2012年开始进行监测，每年一次，形成持续监测机制，通过历年经济发展研究情况，可以看出海淀区文化创意产业每年的政策倾向、工作重点、实际效果及发展规律等，为海淀区文化创意产业经济发展提供数据参考依据。

研究文化创意产业，应从基本概念及其演变出发，结合统计分类及统计口径研究，充分理解原始数据的差异，对不同国家、地区的文化创意产业发展情况进行梳理，对文化创意产业园区发展情况进行总结，进而提出符合海淀区文化特色的文化创意产业经济发展评价模型，为海淀区文化创意产业的经济运行情况描述和经济规律挖掘提供理论支撑。

一、文化创意产业基本概念及其演变

文化创意产业经历了文化与工业的融合、文化与创意的融合及文化与科技的融合三个阶段。随着社会发展和科技进步，文化创意产业的内涵不断丰富，被赋予不同的时代特点。

最初，文化产业化过程从文化与工业融合开始。20世纪80年代，日本学者日下公人将文化产业定义为："文化产业的目的就是创造一种文化符号，然后销售这种文化和文化符号"。日下公人认为文化产业不仅是一种创造活动，而且具有销售的功能。其定义更侧重于文化产品的开发和运营过程。英国学者尼古拉斯·加纳姆（1983）指出，文化产业是指那些使用工业化大企业的组织和生产模式，生产、传播文化产品和文化服务的社会化机构。联合国教科文组织认为，文化产业是"按照工业标准生产、再生产、存储以及分配文化产品和服务的一系列所得，其采取的经济战略，目标是追求经济利益而不是单纯为了促进文化发展"。上述定义是对"文化工业"的精准描述，反映出文化产业化过程中资本对文化的制约作用，体现了文化与工业的融合过程。

随着工业化过程中，尤其是重工业带来的环境污染等问题的出现，文化与工业融合发展的路径受到质疑。1997年，英国为振兴经济，转变以重工业为核心的经济结构，提出创意产业，该定义指出"源于个人创造力、技能和才华的活动，通过知识产权的生成和利用，具有创造财富和就业潜力的行业。"定义突出创造力、技能、才华和知识产权的作用，并以创造财富和就业潜力为衡量依据，定义侧重于文化创意产业的投入和产出方面。文化产业逐渐从与工业融合转向与创意融合，突出文化的独创性优势，为文化产业发展提供新的动力。

美国将文化产业定义为版权产业，是指创造享有版权的作品作为主要产品的产业，包括创作、传播、复制、发行文学艺术和科学作品的相关行业和收集、存储、提供资讯的产业。美国的 Richard E.Caves（2000）指出，创意产业提供与文化艺术或仅与娱乐相联系的产品和服务，包括书刊出版、视觉艺术（绘画与雕刻）、表演艺术（戏剧、歌剧、音乐会、舞蹈）、录音制品、电影电视、时尚、玩具和游戏等。这一定义更为宽泛，且得到一些学者的赞同（B.Pine，1999；Gilmore，1999）。同样，美国的文化产业强调了文化的独创性，并赋予其法律的保护，即版权。美国、加拿大、墨西哥三国共同开发的北美产业分类体系（NAICS），为文化产业的统计提供了便利的途径。

学者们普遍认为：创意产业主要有两种观点，一种观点是创意产业与文化产业的内容是重合的，特别指出创意产业是文化产业的一部分，是文化产业发展的高级阶段；另一种观点是创意产业是对文化产业的超越，创意产业已经不仅仅局限于文化领域，它已经突破传统产业的界限，是所有产业的高端部分。赵继敏（2009）把文化产业划分为两个阶段，以20世纪90年代为界，将此前以"文化产业"为唯一概念的研究阶段称为"文化产业"阶段；90年代之后"文化产业"和"创意产业"共同使用的阶段称为"文化创意产业"阶段。

21世纪，随着网络技术的普及和高科技的发展，文化与科技融合现象得到更多政府、企事业单位的注意。文化创意产业的定义进一步得到丰富。我国学者汪明强（2004）认为创意产业的概念可以表述为：凝结一定程度的知识产权，并传递象征性意义创造性的文化产品和服务的生产、扩散、聚合体系。文化创意产业的提出是符合时代变迁的新要求。2008年北京市制定的《北京市文化创意产业分类标准》中，文化创意产业被界定为："以创作、创造、创新为根本手段，以文化内容和创意成果为核心价值，以知识产权实现或消费为交易特征，为社会公众提供文化体验的具有内在联系的行业集群"。在统计过程中，增加了更多具有科技特征的文化企业，出现了文化与科技融合的现象。如大型网上书店、大型在线旅游企业、大型在线餐饮住宿企业等等，尽管企业并不具有实体的书店、景点、餐饮、酒店、电影院等设施，但是却是文化产业中的重要环节，也是文化创意产业中的"核心运营商"，控制着文化创意产业的信息流，其商业模式的创新不仅是科技成果的运用，而且改善了文化的传播途径，为丰富文化市场提供更多的信息渠道。

因此，20世纪90年代以前，文化产业更趋近于文化工业，具有文化与工业融合的特征。20世纪90年代到2014年之前的这一时期，文化产业表现出对原创、独创、版权保护等的特征，具有文化与创意融合的特征，即文化创意产业。2014年以后，文化产业运用互联网、实时定位、物联网、移动支付等高科技的企业越来越多，形成文化和科技融合的新特征，即新型文化创意产业。

二、文化创意产业的统计分类与统计口径

统计分类是文化创意产业统计的基础，是研究文化创意产业发展结构的理论依据。由于各国分类方式的差异，因此比较国内外文化创意产业时，应注意区分不同分类方式上带来的数据差异，为进行准确的经济数据分析奠定基础。

（一）国外统计分类

文化创意产业主要以英国和日本为典型，美国、德国、韩国均有不同的特点，在统计分类上差异较大。

英国称之为创意产业，以就业人数、成长潜力、原创性为划分原则，划分为产品、服务以及艺术和工艺3个大类，13个门类，具体包括出版、电视和广播、电影和录像、互动休闲软件、时尚设计、软件和计算机服务、设计、音乐、广告、建筑、表演艺术、艺术和古董、工艺等。随着社会的发展，英国数字文化媒体体育部（DCMS）将创意产业细分出创意职业，并对创意企业和非创意企业进行分别统计。

日本创意产业分类标准源于英国，在此基础上略有修改，分为服务业和制造业两大类。服务业包括广告、建筑、表演艺术、艺术、设计、电影、音乐和视频、电视和电台、计算机软件和服务、出版；制造业包括纺织品和服装、工艺品、玩具、家具、餐具、首饰、文具、皮革制品。

新加坡创意产业分为3大类13个行业，分别为艺术与文化、设计和媒体三大类。其中，艺术与文化大类包含摄影、表演及视觉艺术、艺术品与古董买卖和手工艺品4个行业；设计包括软件设计、广告设计、建筑设计、室内设计、平面产品及服装设计5个行业；媒体包括出版、广播、数字媒体、电影4个行业。

加拿大、美国、墨西哥北美没有专门的文化产业分类，而是以北美工

业产业分类体系（NAICS）为基础，各国建立适宜自身需要的产业分类，其中，第51、54、74大类被公认为文化创意产业内容。以加拿大为例，加拿大NAICS分为5个层级，其中为信息与文化、专业科技服务、艺术娱乐与休闲3个大类属于文化创意产业。但由于整个分类是工业分类表中的一部分，因此部分细分小类不符合文化创意产业定义，予以删减。

（二）国内统计分类

国家统计局采用"文化及其相关产业"进行统计分类，北京市则采用"文化创意产业"进行统计分类。

国家统计局称之为"文化及相关产业"，将其分为文化产品的生产和文化相关产品的生产两部分。2012年在原有的统计口径基础上，增加了与文化生产活动相关的创意、新业态、软件设计服务等内容和部分行业小类，减少了少量不符合文化及相关产业定义的活动类别，第二部分由原来的9类调整为10个大类，分别为：新闻出版发行服务、广播电视电影服务、文化艺术服务、文化信息传输服务、文化创意和设计服务、文化休闲娱乐服务、工艺美术品的生产、文化产品生产的辅助生产、文化用品的生产、文化专用设备的生产。

北京市对文化创意产业的统计分为三个层次，第一层次根据部门管理需要和文化创意活动的特点分为9个大类，也称之为九大行业，分别为：软件、网络及计算机服务；新闻出版；广播电视电影；广告会展；设计服务；文化辅助服务；文化艺术；艺术品交易；旅游休闲娱乐。第二层次依照产业链和上下层分类的关系分为27个中类，如：软件服务、网络服务、计算机服务、新闻服务、音像及电子出版物出版发行等。第三层次共有88个小类，是行业类别层，也是文化创意产业的具体活动类别，如：基础软件服务、应用软件服务、旅行社、风景名胜区管理、公园管理等。

国内外统计分类有较大差异，即使在国内，文化创意产业与文化及相关产业的统计分类也具有明显的差异。如：文化创意产业将旅游、休闲服务加入文化创意产业的统计行列，文化及相关产业并不包含这一项。文化创意产业中，软件、网络及计算机服务一项对软件服务、网络服务和计算机服务并没有区分是否与文化相关，而国家统计局公布的文化软件服务仅包含软件开发和数字内容服务两项。这些差异在研究文化创意产业的经济数据时显得尤为重要。

（三）统计口径的主要差异

从国际上看，英国更注重创意动力的统计和测算，特别是将创意职业进行分类，并在创意企业和非创意企业中进行统计比较，推出职业的创意指数，表明不同职业的创意能力差异，值得借鉴。其经济统计部分与我国较为相似。我国文化创意产业统计指标更趋向于经济测算指标，其中有4~6个指标最为核心，分别为收入、资产、利润和税金（或增加从业人员和企事业单位数），对分析产业经济规模、成果分配和解决就业很有说服力，但是对产业的成长潜力、原创性说服力不足。

由于定义的统计口径不同，统计数据差异大。如果忽视这些统计口径的差异，简单的将这些数据加以比较，容易出现较大的偏差。因此，研究海淀区文化创意产业发展评价体系的前提之一是明确文化创意产业的统计分类和统计口径。一般来说，北京市在非经济普查年份将规模以上企业纳入统计范围，经济普查年份为所有企业。同时，文化创意产业作为北京市海淀区发展的重点产业之一，每季度发布监测数据，一般监测时间点为2、5、8、11月份，为了不同的分析目的和要求，本文采纳的主要统计数据为三种，一是全口径统计数据，即全部文化创意产业单位统计数据；二是规模以上企业统计口径数据，即只统计规模以上文化创意产业单位统计数据；三是规模以上1~11月份的统计数据，即按照季度监测，第四季度数据为1~11月份的规模以上文化创意产业单位统计数据。

三、国外文化创意产业发展情况简述

随着工业化进程的发展，工业化过程中带来的污染、人口、交通等问题越来越严重，特别是重工业的污染，迫使人们不得不考虑环境恶化问题。为了进一步提升经济发展动力，避免环境污染，各国积极调整产业结构，文化创意产业逐渐得到重视，各国出台各种政策措施鼓励文化创意产业的发展，尽管存在着分类方式、统计口径等诸多的不同，但是文化创意产业对知识产权的保护机制、人才的创新创造能力发挥、园区企业的集聚能力等核心内容没有根本的变化。

（一）英国

英国受到澳大利亚"创意国度"计划的启发，开始投入大量资金和资源发展文化创意产业，并组织专门的政府机构进行管理。产业发展初期，资金问题是困扰企业发展的主要内容。为了解决这一问题，英国政府相关管理部门推出指导手册，指导企业或个人如何从金融机构获得资金，通过资金奖励、成立风险基金等方式，帮助文化创意企业实现关键的起步阶段。为了让金融机构更加了解文化创意产业，英国专门出版了《创意产业融资实践指导》，解决了融资过程中的诸多问题。随着文化创意产业在英国的逐渐壮大，创意经济在国民经济中的作用日益增强，并定期公布文化创意产业发展报告。英国在文化创意产业经济发展过程中除注重经济统计外，还较为注重人才职业分类统计和出口统计，这为英国文化创意产业发展潜力和国际化研究提供便利。

在政策推动下，英国文化创意产业从1995年纯收入250亿英镑发展到1998年纯收入600亿英镑。2001年，文化创意产业的年收入占英国国民经济的5%，年增长率为6%以上，较整体经济增长率高出4个百分点。之后，文化创意产业发展平稳。2016年，英国文化创意产业纯收入达到1672.7亿英镑，占英国国民经济的9.6%。其中，伦敦区规模最大，达到643.5亿英镑，占伦敦区国民经济的15.8%，占文化创意产业纯收入的38.5%，其规模与北京市海淀区[①]规模较为相似。其次是东南区，达到322.9亿英镑，占东南区国民经济的12.5%，占文化创意产业纯收入的19.3%。两个地区的文化创意产业纯收入和占英国文化创意产业纯收入的六成左右，这两个地区是文化创意产业经济发展较快的地区。

---

① 2016年海淀区文化创意产业实现收入6389.2亿元。

（二）日本

日本属于岛国，地域小，民族单一。长期以来，日本中央政府对都市文化主要通过行政预算拨款，采用直接扶持，间接管理的形式，实行优惠税制和实施文化法制等方式进行扶持和管理。

日本以内容产业为主导，其中动漫产业最具有代表性，全球动漫作品有六成以上来自日本。同时，日本的游戏业在世界范围内具有较大市场。2014年日本数字内容白皮书中显示，游戏市场规模在14819亿元，保持两位数增长势头。日本政策中把发展文化创意产业作为国家的支柱产业，不仅从中央到地方都积极支持，而且加大文化出口，大力拓展海外市场。为适应全球化发展战略的需要，"酷日本"战略逐步得以推进，体现出日本独特的文化魅力，得到国外消费者的认可。政府通过扶持独特的文化创意产业发展，树立起良好的国家形象。同样，餐饮、旅游产业也是日本文化创意产业的重要内容，并伴随着日本文化创意产业的发展逐渐推广开来。日本料理受到全世界的青睐，到日本旅游的人数每年达到几百万。旅游经济的发展极大带动了相关文化产品的销售，为日本带来巨大的经济利益。

（三）美国

近年来，美国文化产业的经营总额高达几千亿美元。400家最富有的美国公司中，72家是文化企业，占总数的五分之一左右。美国人的文化消费已占其总收入的30％左右。美国音像业的出口额已超过航天工业的出口居出口贸易第一位。

美国是文化多元化的国家，人口种族差异大，美国政府机构中没有专门的文化管理部门，不直接干预文化管理，而是侧重于资金分配和服务的提供。先后通过国会立法，成立了以国家艺术基金会、国家人文基金会和博物馆学会为核心的联邦政府文化机构，其职责在于对非营利性的文化团体和个人进行象征性的资助。地方政府下设的州、郡文化艺术委员会以民间形式存在，各自独立，都不直接管理文化艺术团体的行政或业务。美国在文化产业方面的发展策略以知识产权保护和文化产品输出为主要战略。

为保证自身利益，美国推行知识产权保护，版权产业不断发展壮大。通过设计版权产业实际标准，提供版权工作岗位，营造版权保护环境等一系列措施，提高版权监督水平，逐渐建立了相对健全完善的知识产权法律体系。同时，美国在世界范围内的文化公司比例超过了50%，占据主导位置，其文化产品在全球范围内推广普及，创造了可观的经济效益。

（四）法国

法国以浪漫风情著称于世，几个世纪以来一直保持着文化大国的地位。法国政府十分重视文化事业的发展，建立了完整的文化管理机构，并形成较为完善的政策扶持资金投入机制。

法国设有文化事务的中央机构文化部，通过向地方派驻代表的方法，实行对全国的文化事业的统一管理。文化部在每个大区都设有派出机构文化事务管理局，而大区的议会也选举成立一个文化部门，负责文化管理。法国文化事业采取直接财政拨款的形式，官办的或政府直接管理的文化事业单位，可以得到全部收入60%以上的政府财政支持。行政手段是法国文化管理主要采取的方式，与大多数国家不同的是，行政手段不是行政命令，而是通过契约形式的文化协定来实现文化目标。

文化创意产业经济发展理论综述

研究文化创意产业,不仅要考虑文化消费(即市场)、文化单位(即供给侧),还需要考虑文化行业的发展特点。不同行业的文化创意单位,其资源禀赋、经营成本、集聚能力、发展路径等有诸多的不同,文化创意产业经济发展研究需要充分考虑其中的差异。

一、文化消费基本理论

我国文化消费的研究方法主要有社会学、经济学和文艺学三种。社会学研究方法侧重于对文化消费的内涵、理论及文化消费的社会功能等方面进行定义和分析。经济学研究方法侧重在数学模型的基础上描述或预测文化消费行为,总结文化消费规律。文艺研究方法主要以文化的视野对现实消费中的文化机理进行解读。

从社会学角度出发,贾小枚(2008)从宏观、中观、微观三个角度对文化消费的内涵及对经济社会的影响进行了分析。欧翠珍(2010)对文化消费的基本概念和特点进行了阐述,提出文化消费没有保障生命安全的功用,不具有紧迫性。全如琼等(2010)指出,文化消费水平在不断增长,但与物质消费相比仍处于次要地位。

从经济学角度出发,贾传亮(2004)利用计量经济方法对山东省城镇居民文化消费需求弹性与影响因素进行了分析。叶中强(2006)指出文化消费内部结构失衡,享受性文化消费超前发展,发展性文化消费比较滞后。赵伟(2006)利用扩展线性模型对我国居民的文化消费倾向进行了分析。

从文艺学角度出发,杨晓光(2006)以文化消费为切入点,来揭示文化消费与当代中国文化发展的内在逻辑。魏运才(2008)指出人们在追求经济总量增加和个人效用提高的同时还追求幸福与满足,充实和愉悦的高层次的精神需求。

综上所述,学者对文化消费的研究由来已久,但是鉴于海淀区实际情况,在文化消费扶持和管理模式上还需要进一步深入研究;在文化消费功能、特征、影响因素和趋势上应保持持续监测和关注。

二、主要经济发展理论

(一)现代经济增长理论

现代经济增长理论主要有三个基本规则:一是库兹涅茨式结构调整,即资源从低生产率部门向高生产率门转移;二是配第-克拉克定理的结构升级,即资源从第一产业逐渐向第二、三产业转移;第三是资源在特定空间的集聚和有限行业的集中的现象。OECD国家的统计数据显示,随着人均收入水平的提高,产业结构呈现先分散后集中的U形特征,U形的拐点与较高的人均收入水平有关。

(二)产业组织结构理论

贝恩提出的"市场结构—市场行为—市场绩效"分析框架,简称SCP框架。市场结构的形态对市场行为和市场绩效产生直接的影响。在结构主义学派看来,市场结构是研究产业组织的钥匙,而产业集中度则是衡量市场结构的最核心的概念。

(三)产业集中度提升的主要动力

随着经济的增长,产业集中度也随之变化。研究显示,推动产业集中度变化的主要动力来源于三个方面,一是贸易;二是技术创新;三是政府干预视角。

从贸易方面看：贸易促使各地区聚焦于具有要素禀赋优势的行业，随之而来的是产业集中度的不断提高；同时，在垄断竞争格局下，隐性运输成本会诱使厂商集聚在市场规模大的区域进行专业化生产；从而促使产业聚集度提高；当"市场拥挤效应"占主导时，资源稀缺导致的成本上升诱使企业外迁，产业集中度会随之下降。

从技术创新方面看：人均收入水平的提高会刺激消费者需求，进而激励企业不断开发新技术以推出新产品，在产业层面表现为产业体系的分散化。尽管伴随创新企业的进入，进入壁垒和垄断租金的降低会造成产业体系的分散，但当规模经济和范围经济起作用时，新技术引入却会促进产业的集中。

从政府干预方面看，政府作用的发挥有助于区域内产业集群的发展。政府在资金配置、城市规划、完善地方公共基础设施、补贴教育、产品质量标准制定、政府采购等方面影响资源配置，进而影响地区的产业结构和体系。

（四）集中度测量相关理论

1. 基本概念

产业集中度是测度市场结构的基本指标之一，可以有效地衡量产业内竞争的激烈程度，可以作为改善市场效率的重要依据。根据产业组织理论，产业集中度是指市场上的某产业内少数单位的生产量、销售量、资产总额等方面对这一产业的支配程度，一般用这几家单位的某一指标占该行业总量的百分比来表示。

2. 主要测量指标

目前国内外公认的衡量产业集中度的指标主要有两个：一是 CR_n，即产业集中度指数；二是 HHI，即赫芬达尔 – 赫希曼指数。计算公式分别为：

（1）产业集中度指数（CR_n）

$$CR_n = \sum X_i / X$$

其中，CR_n 为产业集中度指数，X_i 为产业内某一单位的销售额等指标，X 为产业内所有单位的销售额等指标，n 代表产业内规模较大单位的数量。

对于某些特定行业，如电信、煤炭等行业，CR_n 中的 n 常用 4 和 8，即测算 CR_4 或 CR_8。

鉴于本课题中产业内单位规模较为分散，且数量众多，因此选择 100 个单位作为测量对象，即 CR_{100}。CR_{100} 越大，说明产业集中度越高，反之，产业集中度越低。

（2）赫芬达尔－赫希曼指数（HHI）

$$HHI = \sum (X_i/X)^2$$

其中，HHI 为赫芬达尔－赫希曼指数，X_i 为产业内某一单位的销售额等指标，X 为产业内所有单位的销售额等指标，i 代表产业内规模所有单位的数量。

HHI 值越大，说明产业集中度越高，反之，产业集中度越低。

以 HHI 值为基准的市场结构分类，一般而言，HHI 值应介于 0 与 1 之间，但通常的表示方法是将其值乘上 10000 而予以放大，故 HHI 应介于 0 到 10000 之间。美国司法部（Department of Justice）利用 HHI 作为评估某一产业集中度的指标，并且订出下列的标准：以 HHI 值为基准的市场结构分类。

市场结构	寡占型				竞争型	
	高寡占Ⅰ型	高寡占Ⅱ型	低寡占Ⅰ型	低寡占Ⅱ型	竞争Ⅰ型	竞争Ⅱ型
HHI 值	HHI≥3000	3000>HHI≥1800	1800>HHI≥1400	1400>HHI≥1000	1000>HHI≥500	500>HHI

三、文化创意产业经济发展评价指标设计

根据北京市海淀区资源禀赋、近年来的发展情况和国内外文化创意产业的主要理论及方法的前提下，提出适合海淀区文化创意产业发展的经济评价指标，为研究海淀区文化创意产业的规模、发展、问题及规律等方面

提供有力分析框架。

（一）设计原则

文化创意产业经济发展评价指标选取坚持科学性、系统性、持续性、实用性、可操作性的原则，不仅要保证文化产业评价指标选取的有据、严谨，而且以全面描述产业发展为出发点，指标选取能描述实际情况，能够说明问题，便于采集，且持续跟踪。同时，便于为区域文化创意产业的评价提供数据基础。

1. 科学性

政府统计的数据可信度高，偏差小，基础指标选取以纳入政府统计的指标项目为主。由于我国经济普查每五年进行一次，非经济普查年份仅对规模以上企业的主要经营指标进行统计，因此数据采集时，规模以上企业经营指标采用统计局数据，规模以下企业经济普查年份采用统计局数据，非经济普查年份采用问卷调查的方式进行补充。同时，北京市文化创意产业分类研究遵照《北京市文化创意产业分类标准》（京统发〔2006〕154号），指标设计研究遵照《北京市文化创意产业发展指导目录（2016年版）》（京政办发〔2016〕23号）。

2. 系统性

指标选取不是简单的指标组合或堆砌，而是遵循目标内涵和核心指标的逻辑关系进行筛选。按照"描述现状－发展结构－经济效益－经济效率"的逻辑思路选择指标，在测算过程中，突出"集聚效应－外部规模经济－发展动力"逐层深入的分析测算方法，形成逻辑严谨、结构合理、全面衡量文化创意产业园区发展进程的指标。

3. 持续性

指标选取应便于数据采集长期进行，尽量避免某些指标在某些年份不可取，或者某些年份数据采集成本高的问题。数据的持续监测是评价准确有效的基础，是评价结果客观科学的保证。

4. 实用性

指标选取具有明确的实用价值，在选取尽量少的基础指标基础上，衍生一些具有明确实际意义的派生指标，对经济现象和经济问题进行必要的数据支撑。特别是一些具有一定政策指向的指标，可以在一定程度上评价政府政策的实施效果，为政府决策提供依据。

5. 可操作性

指标选取应注意数据是否可得。避免指标内容众多、体系庞大，某些指标数据基本无法获取，指标之间存在重复现象，指标的经济意义不明确等问题。尤其在指标数据采集方面，在保证数据准确性的同时，降低数据采集成本。

（二）区域文化创意产业经济影响因素分析

区域文化创意产业经济发展有其独特的规律和特点。影响区域文化创意产业发展的因素除区域文化禀赋、区域文化消费能力、产业政策外，还有一些经济因素，如资金投入、市场效率、集聚能力等。描述区域文化创意产业经济发展的主要指标有单位数量、收入、资产、税金、利润、成本、投资收益、从业人员等，这些基础经济指标不仅从不同侧面反映了文化创意产业的发展规模、经济效益、人力资源状况，而且是研究其他高质量经济发展的基础数据。

（三）构建区域文化创意产业经济发展评价指标

文化创意产业应具有不同的特点，在设计评价指标时，应适当考虑指标是否能突出不同行业的经济发展特点，便于对行业的差异化现象进行量化计算，便于发掘产业园区发展规律，为决策提供数据支撑。文化创意产业经济评价指标包括5个一级指标，包括产业规模、产业结构[①]、人才结构、集聚效应和经济效益5个方面22个二级指标构成，其中6个基础指标，16

[①] 按照北京市文化创意产业分类，文化创意产业分为9个行业，分别为文化艺术服务、新闻出版及发行服务、广播电视电影服务、软件和信息技术服务、广告和会展服务、艺术品生产与销售、设计服务、文化休闲娱乐服务、其他辅助服务。

个衍生指标。

1. 产业规模

产业规模是评价产业经济发展情况的基础,是衡量产业大小的重要指标,大多数文化创意产业评价指标体系都有所涉及(王怀,2013)。产业规模采用单位数和从业人数来描述其发展状态,由于产业内单位性质不一,有事业单位、国有企业、民营企业等不同情况,因此采用单位数来表示。从业人数采用全年的平均从业人数。采用单位数增长率和从业人数增长率来描述园区规模近期的发展趋势,一般以上一年度数据为基期,当年数据为报告期,计算增长率。

2. 产业结构

产业结构分析从行业分布展开,行业分布是描述产业内行业分布的指标,可以在一定程度上表明产业的经济文化发展特点。按照文化创意产业的统计分类,文化创意产业分为9个行业,在政府统计系统中有明确的区分,对数据采集具有重要作用。产业结构从收入和从业人员两个方面进行区分,分别为行业收入分布和行业人力资源分布。

3. 人才结构

人才结构指产业内人才层次的分布情况,文化创意产业中人力资本的创造力是主要投入要素(易华等,2012),人才的受教育程度与人力资本的创造力有相关性(刘歆等,2017),因此以受教育程度为分类依据的人才结构成为文化创意产业中人力资源投入的评价指标。人才结构采用硕士以上从业人员占比和硕士以上人员在9个行业内的分布来描述产业人才结构及分布。

4. 集聚效应

集聚效应采用行业集中度的测算方法,常用的集中度测算方法有SCP分析框架、行业集中度、赫芬达尔-赫希曼指数、基尼系数、洛伦兹曲线等(仲伟周等,2012;陶喜红,2014;沈春苗等,2016),一般采用行业集中度、赫芬达尔-赫希曼指数较多。由于北京市文化创意产业有明确的9个行业的区分,且各园区经营单位大多在百家企业以上,因此,利用各行业中单位的收入情况,可以计算出行业中的集中度CR_{20},对描述园区行业发展提供纵向比较的支撑，结合赫芬达尔－赫希曼指数评价集聚程度。同时，利用单位平均收入情况，可以比较不同行业不同园区的规模情况，作为横向比较的主要依据。从集中度测量可以看出园区经营单位的外部规模经济性。

5. 经济效益

经济效益是衡量文化创意产业取得经济成果的重要指标，主要从经济总量和经济增长率层面进行评价，涉及的评价主体有政府、企业两方面。政府方面以税金为评价指标，以税金增长率为发展趋势评价指标。企业方面以资产、收入和利润为评价指标，分别从投入（资产）、产出（收入和利润）两个方面进行评价；以收入增长率、资产增长率和利润增长率为发展趋势评价指标。同时，为进一步评价文化创意产业的经济效率，评价指标增加了单位平均收入、劳动生产率、利税率、平均税率。单位平均收入是收入与单位数的比值，用于测量产业单位的经济规模；劳动生产率是收入与从业人数的比值，用于测量单位从业人员创造收入的能力；利税率是利润和税金之和与收入的比值，用于说明企业盈利能力，是企业发展的动力；平均税率是税金与收入的比值，用于测量营改增前后税率的变化，说明文化创意产业内企业税收优惠政策的优惠力度。

上述指标构建中，仅需要采集6项基础指标，即单位数、收入、利润、资产、税金、从业人员，其他15项指标均基于这6项指标分类或衍生计算所得。综上所述，北京市文化创意产业园区的评价指标如下表：

表1 北京市文化创意产业园区经济发展评价指标

一级指标	二级指标	数据计算说明
园区规模	单位数	——
	单位数增长率	与去年同比增长率
	从业人数	——
	从业人数增长率	与去年同比增长率
	单位平均收入	收入/单位数
产业结构	行业收入分布	9个行业收入占比分布
	行业人力资源分布	9个行业从业人数占比分布

续表

一级指标	二级指标	数据计算说明
人才结构	硕士以上从业人数占比	硕士以上从业人数/从业人数
	硕士以上从业人员占比分布	9个行业硕士以上占比分布
集聚效应	赫芬达尔－赫希曼指数	——
	行业集中度	排名前20的企业收入/总收入
经济效益	收入	——
	收入增长率	与去年同比增长率
	税金	——
	税金增长率	与去年同比增长率
	资产	——
	资产增长率	与去年同比增长率
	营业利润	——
	营业利润增长率	与去年同比增长率
	劳动生产率	收入/从业人数
	利税率	（利润＋税金）/收入
	平均税率	税金/收入

综上所述，文化创意产业的发展将成为既房地产之后崛起的新经济产业，逐渐发展成为国民经济的支柱产业。其中文化创意产业园区作为产业的核心，其经济发展评价指标的选择和发展规律的把握对文化创意产业发展具有重要意义。构建合理有效的评价指标及测算方法不仅对准确评价北京市文化创意产业发展具有实际意义，而且对于我国文化产业的经济发展评价具有参考价值。

年度报告篇

年度报告共分三部分，分别为海淀区文化创意产业经济发展研究（2015）、海淀区文化创意产业经济发展研究（2016）、海淀区文化创意产业经济发展研究（2017）。

2015年年度报告从海淀区"十二五规划"要求出发，对2010~2015年海淀区文化创意产业经济发展进行回顾，总结经验，发现规律，评价规划完成情况，为"十三五规划"指标设定提供数据基础。

2016年"十三五规划"的开局之年，年度报告以海淀区"十三五规划"为依托，重点对产业的集聚效应和产业园区进行分析研究，对不同行业企业集聚程度进行比较分析，总结各行业发展规律。同时分析了具有"互联网+"特征的文化企业，对其行业形态、分类基础、统计口径、基础指标和经济发展基本情况进行梳理，为进一步深入研究"互联网+文化产业"提供依据。

2017年度报告除对海淀区文化创意产业经济发展基础指标的研究外，增加了对创新能力的评估和测算，从研发投入、新增知识产权、人才质量三个方面，分别测算评价了海淀区文化创意产业创新能力的投入、产出情况，并对其中起关键作用的人才质量进行总结和分析，联系企业经营业绩，得出人才质量与企业经营业绩具有正相关关系的结论。

三份年度报告从不同侧面反映了海淀区文化创意产业经济发展历程，反映出海淀区文化创意产业的发展基础好、科技创新能力强、发展后劲足的蓬勃朝气，具体报告如下。

Ⅲ

海淀区文化创意产业经济发展研究（2015）

海淀区作为北京市城市功能拓展区，是文化创意产业大区。按照海淀区"十二五"规划要求，2015年海淀区文化创意产业将达到5000亿元。通过海淀区文化创意产业发展评价模型体系的研究，有利于摸清海淀区文化创意产业发展状况和存在的问题，对海淀区落实"十二五"规划要求，科学合理制定"十三五"规划具有重大意义。

一、"十二五"期间[①] 海淀区文化创意产业总体情况

"十二五"期间，海淀区文化创意产业规模有所增加。规模以上企业收入[②]从2010年的2842.8亿元增长到2014年的4795.0亿元，增长了59%，年均增长14%；利润总额从2010年的271.2亿元增长到2014年的510.6亿元，增长了88%，年均增长19.8%；实现税金从2010年的164.0亿元增长到2014年的274.3亿元，增长了77%，年均增长13.7%；拉动的就业人数从2010年的37.4万人增加到2014年的53.4万人，增长了43%，年均增长

---

① 由于时间关系，本课题主要采集2010-2014年数据进行分析。
② 文化创意产业主要统计指标中没有增加值一项，市统计局曾做过2011年和2012年的文化创意产业增加值测算，2013年、2014年均未测算此指标，由于没有权威的数据发布，因此课题研究中采用主要采用收入来替代。

9.3%。

（一）产业规模持续增长，经营成本有所升高

从总体上看，"十二五"期间海淀区文化创意产业规模逐步扩大，发展潜力足。据统计，全区规模以上企业2680家，资产总额8023.5亿元，同比增长19.5%，2010~2014年平均增长率为14%。收入方面，2014年规模以上企业实现收入4795.0亿元，同比增长13.6%，2010-2014年平均增长率为14.0%。利润方面，2014年规模以上企业实现利润总额558.4亿元，同比增长14.9%，2010-2014年平均增长率为19.8%；税金方面，2014年实现税金274.3亿元，同比增长15.0%，2010-2014年平均增长率为13.7%；就业方面，2014年规模以上企业从业人员53.4万人，同比增长3.3%，2010-2014年平均增长率为9.3%。2010-2014年各项指标年增长率如图1：

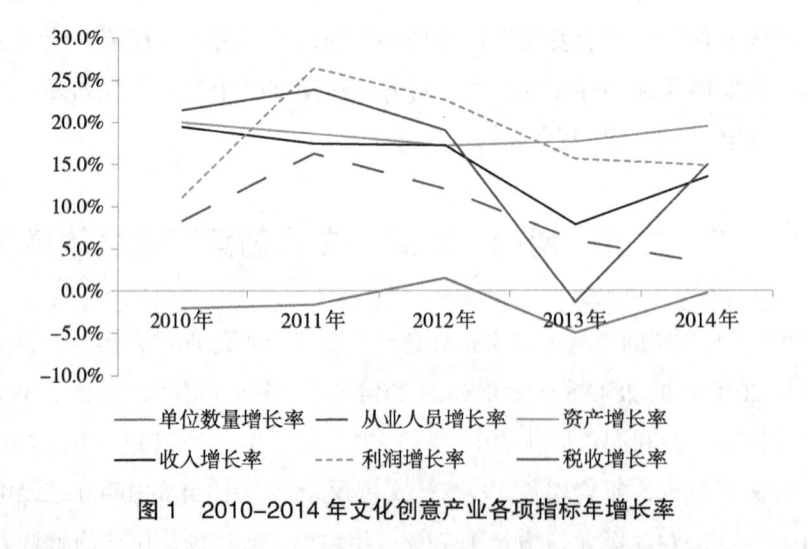

图1 2010-2014年文化创意产业各项指标年增长率

从各项指标的年增长率可以看出，规模以上企业资产增长率较为稳定，保持在15%~20%之间，说明文创产业规模稳步提升，产业基础扎实。从业人员增长速度趋于平缓，并略有下降；收入增长先降后升，利润总额增长率持续下滑，说明"十二五"后期文创产业企业经营成本升高，税收除2013年波动较大外，增长速度均保持在15%-25%之间；企业数量增长

乏力，连续 2 年出现负增长。

（二）产业结构稳定，软件、网络及计算机服务仍居主导地位

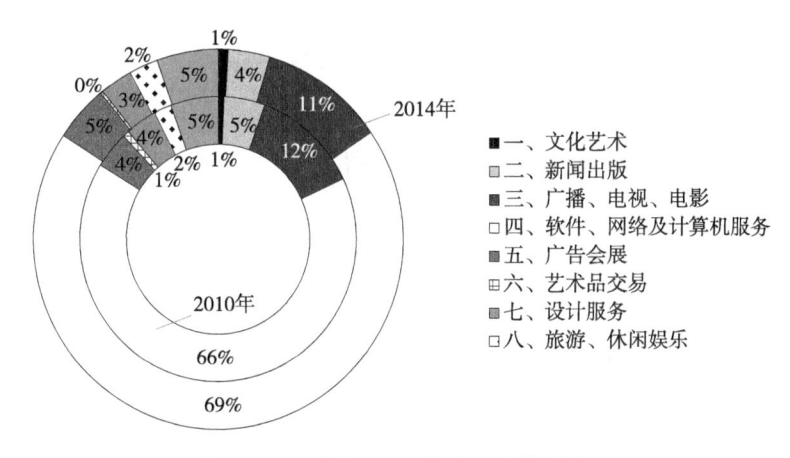

图 2　2010 年与 2014 年产业结构对比图

从产业结构上看，"十二五"期间产业结构稳定，重点行业进一步增强。按照收入计算，软件、网络及计算机服务行业占比从 2010 年的 66% 发展为 2014 年的 69%，提高了 3 个百分点，仍占主导地位。广播、电视、电影行业、新闻出版行业、设计服务行业和艺术品交易行业占比略有下降，其中艺术品交易行业尤为突出；旅游、休闲娱乐行业和其他辅助行业占比基本保持原有结构；广告会展行业略有上升。同时，软件、网络及计算机服务行业和广播、电视、电影行业占比始终保持在 80% 左右，表现出产业结构不合理，行业发展不均衡的局面。

（三）文化创意产业仍居全市首位，产业拉动效应明显

表 2　2010 年与 2014 年文化创意产业主要监测指标对比

从业人员占比（%）		收入占比（%）		利润占比（%）		税金占比（%）	
2010 年	2014 年	2010 年	2014 年	2010 年	2014 年	2010 年	2014 年
46.4	44.0	40.6	41.4	51.7	59.9	49.2	52.7

"十二五"期间，文化创意产业从业人员、收入、利润和税金 4 个方面

对比，除收入占比略有下降外，其他 3 项在北京市的占比均有所上升。其中，利润总额占比上升幅度较大，2014 年的占比高于 2010 年 8 个百分点，具体情况参见图 3：

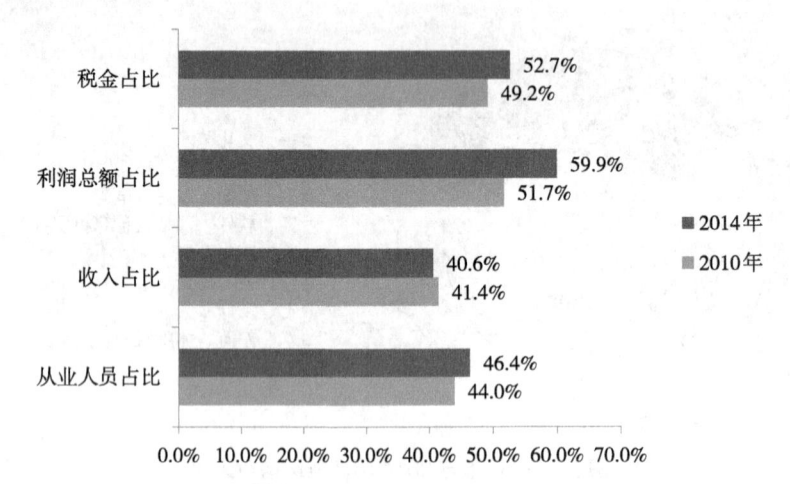

```
税金占比          52.7%
                  49.2%
利润总额占比      59.9%
                  51.7%               ■2014年
收入占比          40.6%               ■2010年
                  41.4%
从业人员占比      46.4%
                  44.0%
        0.0% 10.0% 20.0% 30.0% 40.0% 50.0% 60.0% 70.0%
```

图 3 2010 年与 2014 年全区 4 项指标在全市占比的对比图

从产业拉动效应看，文化创意产业对第三产业的拉动效应较为明显。2010–2013 年间第三产业增加值年增长率的均值为 13%，而文化创意产业收入年增长率均值为 16%。根据波茨–坎宁汉模型计算可得，$A=CI/Y=1.2$，说明文化创意产业的增长潜力高于第三产业的增长潜力，属于创新模型，即文化创意产业对第三产业的创新体系有影响，不仅作用于经济运作，而且对产业结构的变化产生很大的影响，符合中关村向创新区域转变的要求。

需要指出的是，由于产业贡献度相关指标统计口径不一致，第三产业采用增加值指标，文化创意产业采用收入指标，无法进行直接的比对，因此不能进行产业贡献度的进一步研究。

二、"十二五"期间海淀区文化创意产业盈利能力分析

"十二五"期间海淀区文化创意产业的利润总额稳步增长，2014 年实现利润总额 558.4 亿元，较 2010 年增长 195.2 亿元，年平均增长率接近 20%。税金从 2010 年的 164.0 亿元，发展到 2014 年的 274.3 亿元，增加了

110.2亿元，年平均增长率达到13.7%。利税比例[①]呈上升趋势，由2010年的1.65，增加到2014年的2.04，增长了近40个百分点，说明政府对文化创意产业发展的利好政策使企业在对国家和地区发展贡献的同时，自身积累逐步扩大，为企业的进一步发展奠定了更好的基础。

资产利润率说明企业的投入产出比。"十二五"期间，文化创意产业资产利润率均保持在7%左右。从行业上来看，资产利润率最高的是软件、网络及计算机，其资产利润率为9.1%；其次为新闻出版和设计服务行业，均为8.1%。

资产利税率说明企业的全面经济效益和对国家财政所做的贡献。"十二五"期间，文化创意产业资产利税率先升后降，从2010年的11%上升到2012年的12%，随后逐年下降，2014年仅为10%，说明企业经营成本上升。从行业上看，资产利税率最高的是软件、网络及计算机，其资产利税率为13.6%；其次为艺术品交易行业和新闻出版行业，分别达到13.4%和11.9%。

收入利润率说明企业的盈利能力。"十二五"期间，文化创意产业收入利润率逐步提升，从2010年的10%提高到2015年的12%，提高2个百分点。排在前两位的分别为新闻出版行业和软件、网络及计算机行业，收入利润率分别为14.1%和13.3%，这两个行业对经营者来说具有相对较强的市场吸引力。

资金周转率说明企业的资金利用效率。资金周转率[②]最高的是艺术品交易行业，达到1.8；其次为其他辅助服务行业（包括文化用品、设备及相关文化产品的生产、销售和文化商务服务），达到1.7；第三、四位分别为广告会展行业和旅游、休闲娱乐行业，分别为1.2和1.0，这4类行业对资产的利用效率相对较高。

各项指标详见下表：

---

① 利税率＝利润/税金。
② 资金周转率＝收入/资产。

表 3 "十二五"期间文化创意产业及各行业盈利能力指标汇总表 ①

名称	资产利润率	资产利税率	收入利润率	资金周转率
文化创意产业	7%	11%	11%	70%
文化艺术	−0.2%	0.3%	−0.5%	32.9%
新闻出版	8.1%	11.9%	14.1%	58.0%
广播、电视、电影	2.1%	4.3%	5.2%	41.1%
软件、网络及计算机服务	9.1%	13.6%	13.3%	69.0%
广告会展	5.5%	10.2%	4.7%	116.5%
艺术品交易	8.1%	13.4%	4.3%	182.8%
设计服务	3.0%	5.6%	5.8%	51.0%
旅游、休闲娱乐	1.7%	4.4%	1.6%	106.1%
其他辅助服务	4.8%	8.9%	2.8%	173.1%

三、"十二五"期间海淀区文化创意产业社会贡献评价

文化创意产业的社会贡献评价主要集中在实现的税金和解决就业问题方面。

2014 年实现税金 274.3 亿元，比 2010 年增长 110.2 亿元，年平均增长率达到 13.7%。从利税比率② 来看，排在前三位的是新闻出版行业、软件、网络及计算机行业和艺术品交易行业，分别为 2.2、2.0 和 1.6，除文化艺术是负值外，排在后三位的是旅游、休闲娱乐行业、设计服务行业和广播、电视、电影行业，分别为 0.6、1.0 和 1.0。

从吸引就业角度来看，2014 年文化创意产业从业人员达到 53.4 万人，较 2010 年增长 16 万人，年平均增长率达到 9.3%。每亿元资产拉动就业人数最多的行业是其他辅助服务行业，达到 181 人；其次是旅游、休闲娱乐行业和广告会展行业，分别拉动 123 人和 103 人就业；设计服务和软件、网络及计算机服务行业吸引就业能力最弱，仅为 20 人和 26 人。

---

① 各项指标均为 2010–2014 年指标的算术平均值。
② 利税比例 = 利润 / 税金。

四、九大行业发展情况及阶段分析

行业生命周期理论能够帮助企事业单位根据行业所处于的成长、成熟、衰退或其他状态来确定适当的战略,也是政府进行行业政策调整的重要依据。

(一)九大行业发展概况

2014年海淀区九大行业规模以上企业数量、从业人员、资产、收入、利润、税金情况如下表:

表4 2014年9大行业各主要指标汇总表

指标名称	单位数(个)	从业人员(万人)	资产(亿元)	收入(亿元)	利润(亿元)	税金(亿元)
合计	2680	53.4	8023.5	4795.0	558.4	274.3
文化艺术	69	0.7	132.9	41.1	0.5	0.8
新闻出版	155	1.9	344.8	175.2	26.3	11.7
广播、电视、电影	88	2.6	1472.0	526.3	28.4	23.7
软件、网络及计算机服务	1659	40.6	5331.0	3294.3	489.4	213.8
广告会展	172	1.1	208.8	227.8	8.1	9.7
艺术品交易	7	0.0	7.6	11.6	0.3	0.5
设计服务	227	3.4	287.0	136.9	-1.3	6.2
旅游、休闲娱乐	162	1.4	109.3	123.3	1.3	2.7
其他辅助服务	141	1.7	130.0	258.6	5.3	5.2

从九大行业来看,2014年,软件、网络及计算机服务行业规模以上单位共计1659家,收入3294.3亿元,占海淀区文化创意产业收入的68.7%,平均每家单位创造收入2.0亿元;广播、电视、电影行业规模以上单位共计88家,收入526.3亿元,占海淀区文化创意产业收入的11.0%,平均每家单位创造收入6.0亿元。两大行业是海淀区文化创意产业的支柱行业,其收入占全区收入的八成,其资产占全区资产的85%左右,涉及从业人员占全区

从业人员的80%，利润占全区利润的93%，实现税金占全区的87%，是北京市的重点行业，在海淀区乃至北京市具有重要地位。从两大行业每单位创造的收入来看，广播、电视、电影行业的单位规模大于软件、网络及计算机服务行业的单位规模，说明广播、电视、电影行业的行业集中度高，政策监管影响力度大，市场开放程度略低，行业政策在准入制度、版权管理等方面的监管对行业发展起到决定性作用。软件、网络及计算机服务行业的行业集中度略低，政策监管的影响力相对较小，主要依靠市场机制运行。行业政策侧重点在于完善市场机制，扶持和鼓励中小企业做大做强，形成有集聚效应的行业园区。

（二）九大行业发展阶段分析

波士顿咨询公司曾利用市场引力和企业实力两个维度分析企业产品结构的合理性。同样，行业分析也可以利用市场引力和企事业单位实力两个维度分析行业发展规律。从政府统计角度看，资产代表行业内企事业单位的实力，利润代表市场引力，从这两个维度出发，将九大行业发展进行合理细分，提出不同发展阶段的发展特征。各行业由于处于不同的生命周期，因此所处的市场环境和个体竞争优势有较大差异。利用收入利润率和资产增长率两个维度测算九个行业的发展趋势和所处阶段，对政府合理制定相关政策具有辅助作用。

资产增长率代表行业实力，是决定行业结构的内在力量；收入利润率表示市场引力，是决定行业结构的外在力量。为了便于区分各行业税收所占的比重，将税收也作为其中的一个考量指标。在坐标图上，以纵轴表示行业收入利润率，横轴表示资产增长率，各以10%高、低的中点，用球形面积表示行业税收。将坐标图划分为四个象限，第一象限为成长期，第二象限为成熟期，第三象限为衰退期，第四象限为幼童期。各行业指标计算如表5：

表5 2010-2014年9大行业平均资产增长率－收入利润率－税金汇总表

行业分类	资产增长率[①]	收入利润率	税金（亿元）
文化艺术	16.8%	-0.5%	0.6
新闻出版	13.8%	14.1%	10.0
广播、电视、电影	14.8%	5.2%	23.0
软件、网络及计算机服务	21.3%	13.3%	169.6
广告会展	24.1%	4.7%	7.1
艺术品交易	25.9%	4.3%	0.6
设计服务	8.8%	5.8%	6.4
旅游、休闲娱乐	14.2%	1.6%	2.2
其他辅助服务	7.3%	2.8%	4.8

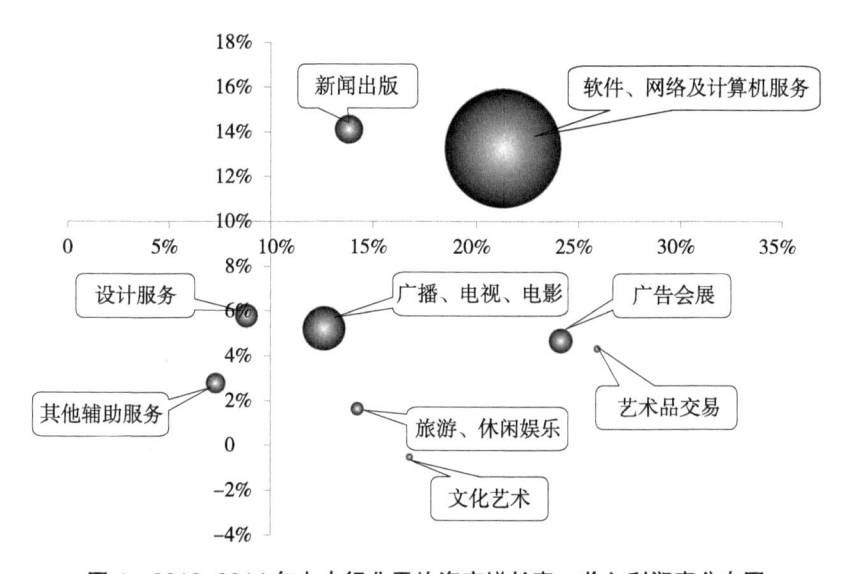

绘图后，可得图4：

图4 2010-2014年九大行业平均资产增长率－收入利润率分布图

从图中可知，新闻出版和软件、网络及计算机服务行业市场引力较强，资产增长率也较高，处在该行业的企事业单位不仅可以从市场上获取

[①] 资产增长率由2009-2014年资产数据计算而来。

相对丰厚的利润，还愿意扩大投资规模，增强企业竞争实力，是较为理想的发展态势。

处于第四象限的 5 类行业资产增长速度较快，尤其是广告会展行业，资产增长率均在 20% 以上，说明企业投资积极性比较高，但是由于细分市场还未成熟，整体的收入利润率不高，市场引力有限。

处于第三象限的 2 类行业资产增长速度较慢，从获利角度讲，企业投资积极性不高；同时，市场获利能力差，市场机制有待完善。

其他辅助服务处于衰退期，行业市场获利能力有限，资产增长率较小，投资意愿不强，有退出的可能性，应及时予以扶持，重点在于盘活现有资产，提高获利能力。

需要指出的是，由于某些行业具有明显的社会服务功能（例如：文化艺术行业），并非完全以获利为营业目的。因此，要注意结合企业性质一并分析。同时，没有处于第二象限即成熟期的行业，说明整体文化创意产业消费不足，产业结构不协调，产业发展主要来自于投资。

综上所述，软件、网络及计算机服务行业是全区的龙头行业，发展态势良好，重点在于落实相关政策，做好定期监测工作，及时掌握行业发展动态，特别是互联网信息服务领域。

五、海淀区文化创意产业发展趋势分析

（一）总体趋势分析

根据 2010-2014 年统计数据，文化创意产业 6 项指标利用两种方法进行预测。

（1）数据显示，随着时间的推移呈线性关系，各项指标与时间变量进行相关性分析，其相关系数的绝对值均大于 0.8，具有强相关性，因此可以用线性回归来拟合各项指标的发展模型，进而推算"十三五"期间文化创意产业发展规模。2010-2020 年 6 项指标拟合结果如表 6：

表6 2010-2020年海淀区文化创意产业发展情况（线性预测）

年份	从业人员（万人）	资产（亿元）	收入（亿元）	利润（亿元）	税金（亿元）
2010	37.4	4103.9	2842.8	271.2	164.0
2011	43.5	4869.5	3338.9	342.9	203.2
2012	48.8	5705.2	3914.4	420.4	241.9
2013	51.7	6713.3	4222.1	486.1	238.6
2014	53.4	8023.5	4795.0	558.4	274.3
2015	59.1*	9472.7*	5261.2*	616.5*	305.3*
2016	63.2*	11211.1*	5741.0*	682.0*	332.7*
2017	67.2*	13268.7*	6220.7*	747.6*	360.1*
2018	71.3*	15703.9*	6700.4*	813.1*	387.5*
2019	75.4*	18586.0*	7180.1*	878.6*	414.8*
2020	79.4*	21997.1*	7659.8*	944.1*	442.2*

注：标有 * 的数据为预测数据。

（2）利用年平均增长率进行预测，得到预测值如表7：

表7 2010-2020年海淀区文化创意产业发展情况（年平均增长率预测）

年份	从业人员（万人）	资产（亿元）	收入（亿元）	利润（亿元）	税金（亿元）
年平均增长率	9.3%	18.2%	14.0%	19.8%	13.7%
2010	37.4	4103.9	2842.8	271.2	164.0
2011	43.5	4869.5	3338.9	342.9	203.2
2012	48.8	5705.2	3914.4	420.4	241.9
2013	51.7	6713.3	4222.1	486.1	238.6
2014	53.4	8023.5	4795.0	558.4	274.3
2015	58.3*	9487.6*	5464.5*	668.9*	311.9*
2016	63.8*	11218.8*	6227.5*	801.2*	354.7*
2017	69.7*	13266.0*	7097.1*	959.7*	403.3*
2018	76.2*	15686.6*	8088.0*	1149.6*	458.6*
2019	83.3*	18549.0*	9217.3*	1377.0*	521.5*
2020	91.0*	21933.7*	10504.2*	1649.4*	593.0*

标有 * 的数据为预测数据。

根据预测结果，结合 2010-2014 年各项指标的发展趋势，预计 2020 年海淀区文化创意产业规模以上企业 2500 家，从业人员 80 万人，资产规模 20000 亿元，实现收入 9000 亿元，实现利润 1300 亿元，实现税金 600 亿元。由于各类不确定性因素的影响，此预测存在一定偏差。

（二）新型业态剖析

从文化创意产业分类统计数据可以看出，统计指标主要集中在资产、收入、税收和利润四个方面。该数据信息从历年数据中可以获取，也是文化创意产业的主要统计指标。

同时，各指标在一定层面上反映了对不同主体的吸引力。资产是企事业单位自身优势的集中体现，是企业获取生产经营和盈利机会的内在动力；收入代表市场对企事业单位所经营的产品或所从事的服务的认可程度，也是市场引力的集中体现；税收代表二次分配过程中由政府重新分配的收益数量，是政府实施公共建设的主要资金来源；利润是企事业单位在经营过程中的主要成果，是企业创新和扩大生产规模的主要动力。由此，对 2009-2014 年海淀区文化创意产业的各行业指标进行分析，得出以下结论：

（1）近年资产增长翻倍[①]的行业领域。从 2014 年与 2010 年数据对比可知，总体上看，2014 年文化创意产业资产是 2010 年的近 2 倍，[②]资产增长翻倍的有文化艺术、软件、网络及计算机服务和广告会展 3 个行业。从细分领域[③]来看，专业性团体、基础软件服务、广播和其他出版 4 个细分领域的资产增长均在 10 倍以上。其中，基础软件服务收入占文化创意产业的比例从 2010 年的 2% 上升为 38%，是对"十二五"期间产业结构调整产生重要影响的主要细分领域。详细情况如表 8：

---

① 翻倍是指资产增长倍数在 1.95 以上。
② 2014 年资产是 2010 年的 1.96。
③ 行业分类中的三级行业。

表8 2010-2014年海淀区文化创意产业资产翻倍[①]细分领域汇总表

行业分类序号[②]	细分领域名称	资产增长倍数	排名
1	专业性团体	77.97	1
1	艺术表演场馆	4.41	9
1	群众文化活动	2.73	13
1	社会人文科学研究与试验发展	2.29	15
2	其他出版	14.99	4
2	音像制品及电子出版物零售	3.34	11
2	音像制品及电子出版物批发	2.47	14
3	广播	57.55	3
3	电视	1.99	18
4	基础软件服务（软件开发）	59.36	2
4	其他计算机服务（信息技术咨询服务）	5.40	7
4	应用软件服务（数字内容服务）	5.26	8
4	其他互联网信息服务	2.73	10
5	广告业	2.47	16
8	风景名胜区管理（游览景区管理）	2.29	5
8	城市绿化管理	2.06	17
9	文具用品批发	2.04	6
9	印刷专用设备制造	1.99	12
9	通讯及广播电视设备批发	1.97	19

其中，文化艺术行业中，专业性团体、艺术表演场馆、群众文化活动和社会人文科学研究与试验发展4个细分领域资产增长较快，分别从2010年的0.2亿元、0.4亿元、0.3亿元、6.1亿元增加到2014年的18.4亿元、1.6亿元、0.9亿元和13.9亿元。

新闻广播行业增长较快的有其他出版、音像制品及电子出版物零售和音像制品及电子出版物批发，分别从2010年的0.5亿元、1.1亿元、1.1亿

---

① 基期为2010年。
② 1代表文化艺术，2代表新闻出版，3代表广播、电视、电影，4代表软件、网络和计算机，5代表广告会展，6代表艺术品交易，7代表设计服务，8代表旅游、休闲娱乐，9代表其他辅助服务。

元增加到 2014 年的 7.8 亿元、3.6 亿元、2.6 亿元。

广播、电视、电影行业中，广播和电视细分领域资产增长较快，分别从 2010 年的 10.1 万元、562.0 亿元增加到 2014 年的 581.3 万元、1117.4 亿元。

软件、网络及计算机服务行业中，基础软件服务（软件开发）、其他计算机服务（信息技术咨询服务）、应用软件服务（数字内容服务）和其他互联网信息服务 4 个细分领域资产增长较快，分别从 2010 年的 53.6 亿元、62.5 亿元、12.0 亿元和 22.6 亿元增加到 2014 年的 3183.8 亿元、337.5 亿元、63.3 亿元和 851.5 亿元。

广告会展行业中广告业较为突出，从 2010 年的 94.3 亿元增加到 2014 年的 193.9 亿元。

旅游、休闲娱乐行业中风景名胜区管理（游览景区管理）和城市绿化管理 2 个细分领域增长较快，资产从 2010 年的 0.4 亿元、28.7 亿元增长到 2014 年的 2.7 亿元、58.3 亿元。

其他辅助服务行业中的文具用品批发、印刷专用设备制造、通讯及广播电视设备批发 3 个细分领域增长较快，资产从 2010 年的 3.9 亿元、2.7 亿元、11.9 亿元增长到 2014 年的 22.9 亿元、8.3 亿元和 23.4 亿元。

以上 19 个细分领域是"十二五"期间资产积累较快的领域，由于广播细分领域资产占文化创意产业资产总数不足万分之一，因此将其忽略，取上述 18 个细分领域为新兴领域，这些领域中的企事业单位自身建设发展较快。

（2）上述领域收入增长情况分析：

从下表可知，2014 年收入同比增长率超过 20% 的细分领域有 9 个，分别为音像制品及电子出版物批发、群众文化活动、文具用品批发、其他计算机服务（信息技术咨询服务）、应用软件服务（数字内容服务）、风景名胜区管理（游览景区管理）、城市绿化管理、广告业和社会人文科学研究与试验发展。

2010–2014 年收入年平均增长率为 20% 以上的细分领域有 12 个，分别为专业性团体、社会人文科学研究与试验发展、其他出版、音像制品及电子出版物零售、基础软件服务（软件开发）、其他计算机服务（信息技术咨询服务)、其他互联网信息服务、风景名胜区管理(游览景区管理)、城市绿化管理、文具用品批发、印刷专用设备制造、通讯及广播电视设备批发。

表9 2010-2014年18个领域收入增长率情况

行业分类序号①	细分领域名称	2014年同比增长率	排名(一)	2010-2014年平均增长率	排名(二)
1	专业性团体	3.35%	14	117.99%	2
1	艺术表演场馆	-31.61%	18	-2.79%	17
1	群众文化活动	57.49%	2	16.07%	14
1	社会人文科学研究与试验发展	22.14%	9	27.25%	9
2	其他出版	1.57%	15	22.14%	12
2	音像制品及电子出版物零售	5.96%	13	59.99%	5
2	音像制品及电子出版物批发	172.63%	1	14.52%	15
3	电视	0.63%	16	7.76%	16
4	基础软件服务(软件开发)	12.92%	12	152.84%	1
4	其他计算机服务(信息技术咨询服务)	13.16%	11	25.45%	11
4	应用软件服务(数字内容服务)	32.32%	5	-76.70%	18
4	其他互联网信息服务	32.82%	4	32.35%	7
5	广告业	22.31%	8	18.36%	13
8	风景名胜区管理(游览景区管理)	30.54%	6	94.37%	3
8	城市绿化管理	29.48%	7	26.52%	10
9	文具用品批发	50.41%	3	81.26%	4
9	印刷专用设备制造	-26.39%	17	29.91%	8
9	通讯及广播电视设备批发	13.23%	10	54.91%	6

据分析,风景名胜区管理(游览景区管理)、文具用品批发5年间收入增长率较高,2014年增长率同样维持在30.54%和50.41%,呈现出新型业态发展初期的重要特征。群众文化活动、广告业和音像制品及电子出版物批发3个领域近期增长率高于"十二五"平均增长率,说明近期市场反应好,有新的收入增长点。社会人文科学研究与试验发展、城市绿化管理、

① 1代表文化艺术,2代表新闻出版,3代表广播、电视、电影,4代表软件、网络和计算机,5代表广告会展,6代表艺术品交易,7代表设计服务,8代表旅游、休闲娱乐,9代表其他辅助服务。

其他互联网信息服务增长率较为稳定，且均高于 20%，处于新型业态发展的成长期。基础软件服务（软件开发）5 年间收入增长迅猛，2014 年趋于平缓，是发展较好的行业之一，行业发展趋于成熟。专业性团队、音像制品及电子出版物零售 5 年间收入增长率迅速上升，但是 2014 年收入增长率仅为 3.35% 和 5.96%，行业盈利能力有限，未来发展难以确定。

"十二五"期间，应用软件服务（数字内容服务）和艺术表演场馆收入有所减少。其中，应用软件服务（数字内容服务）2014 年增长率有所回升，蓄势进一步的发展，艺术表演场馆 2014 年增长率则进一步下降。

从以上分析可以看出，为进一步推动海淀文化强区建设，探讨海淀区文化创意产业的发展目标和实施路径，"十二五"期间，海淀区先后出台了《"十二五"时期文化建设与发展规划（2011–2015）》《海淀区促进文化发展支持办法》《海淀区文化创意产业集聚区认定和管理办法（试行）》等一系列具体规划和实施政策，在实践中取得了良好效果。

六、2015 年海淀区文化创意产业经济发展状况

（一）基本情况

2015 年，北京市海淀区文化创意产业规模仍保持持续增长，产业结构稳中有变，新型业态蓄势待发，居民消费潜力巨大，消费结构日趋合理，新消费热点、消费模式层出不穷，手持终端成为继电视之后文化消费的主要载体。

2015 年 1 月至 11 月，海淀区规模以上文化创意产业单位共 2415 家，收入合计 4162.9 亿元，同比增长 7.9%，从业人员 55.0 万人，同比增长 2.7%；营业利润 307.7 亿元，同比下降 4.1%；利润总额 388.0 亿元，同比增长 4.3%；营业成本 2410.3 亿元，同比增长 9.5%；投资收益 75.8 亿元，同比增长 52%。

值得注意的是，企业经营成本上升幅度较大，投资收益增长速度较快，营业利润出现负增长。说明企业经营成本逐步增大，市场环境不容乐

观，但存在一批好的文化项目，成为投资热点，投资回收速度较快。

表10 2015年1月至11月海淀区规模以上文化创意产业总体完成情况

类别	海淀	同比增幅	全市	同比增幅	海淀占全市比重
单位数量（家）	2415	—	—	—	—
收入合计（亿元）	4162.9	7.9%	10198.0	6.3%	40.8%
从业人数（万人）	55.0	2.7%	113.4	0.3%	48.5%
营业利润（亿元）	307.7	-4.1%	597.7	11.4%	51.5%
利润总额（亿元）	388.0	4.3%	728.5	15.8%	53.3%
投资收益（亿元）	75.8	52%	200.8	110%	37.7%
营业成本（亿元）	2410.3	9.5%	6908.6	7.2%	34.9%

（二）经济地位

2015年，海淀区文化创意产业致力于稳定主导行业的优势地位，积极构建新文化元素，营造具有海淀特色的数码文化氛围，大力支持广播、电影、电视行业和旅游、休闲、娱乐行业的发展，积淀海淀文化新特色，在全市内仍占有重要地位，继续发挥引领作用。

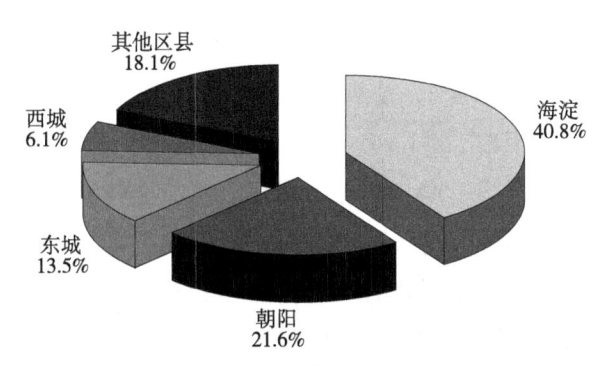

图5 2015年1月至11月全市各区县规模以上文化创意产业收入结构图

2015年1月至11月，海淀区文化创意产业收入占北京市文化创意产业收入比重占40.8%，居全市各区县榜首，领先第二位朝阳区近20个百分点。海淀区文化创意产业从业人员占北京市文化创意产业从业人员的48.5%，居全市各区县之首。由此可见，2015年海淀区文化创意产业发展符合政策预期，在全市仍保持重要地位。

表11 2015年1月至11月全市各区县规模以上文化创意产业主要指标完成情况

主要指标	收入（亿元）	收入占比	从业人员（万人）	从业人员占比	全员劳动生产率[①]（万元/人）
全市	10198	100%	113.4	100%	89.9
海淀区	4162.9	40.8%	55	48.5%	75.7
朝阳区	2199.2	21.6%	22.3	19.7%	98.6
东城区	1375.9	13.5%	8.6	7.6%	160.0
西城区	619	6.1%	9.5	8.4%	65.2
其他区县	1841	18.1%	18	15.9%	102.3

需要指出的是，海淀区全员劳动生产率与东城区、朝阳区相差较大，主要是由于重点发展行业及行业结构差异所致，因此，优化内部产业结构仍是文化创意产业发展的核心问题之一。

（三）各行业经济发展特色鲜明

1. 行业收入"七升二降"

2015年1月至11月，七个行业收入实现增长。文化艺术行业实现收入28.6亿元，同比增长10.9%，连续三年增幅持续上升；新闻出版行业实现收入132.1亿元，同比增长3.3%；软件、网络及计算机服务行业实现收入2885.9亿元，同比增长9.0%；广告会展行业实现收入244亿元，同比增长27.5%，九大行业中增幅最高；艺术品交易实现收入11.2亿元，同比增长23.7%，显现出回暖迹象；旅游休闲娱乐行业实现收入84.8亿元，同比增长0.6%；其他辅助服务行业实现收入223.7亿元，同比增长11.1%。

值得注意的是，两个行业收入下降。广播、电视、电影行业实现收入447.3亿元，同比下降2.3%；设计服务行业实现收入105.6亿元，同比下降9.3%。上述两行业5年来首次出现负增长。

---

① 全员劳动生产率 = 收入/从业人员。

表 12　2015 年 1 月至 11 月海淀区规模以上文化创意产业分行业收入情况

类别	收入（亿元）		收入增幅		产业内部占比	全市占比
	海淀区	全市	海淀区	全市		
合计	4163	10198	7.9%	6.3%	100%	40.8%
文化艺术	28.6	174.9	10.9%	4.9%	0.7%	16.4%
新闻出版	132.1	661	3.3%	0.3%	3.2%	20.0%
广播、电视、电影	447.3	672.6	−2.3%	3.9%	10.7%	66.5%
软件、网络及计算机服务	2885.9	4143.1	9.1%	10.1%	69.3%	69.7%
广告会展	244	1158.1	27.5%	2.3%	5.9%	21.1%
艺术品交易	11.2	647.2	23.7%	−4.2%	0.3%	1.7%
设计服务	105.6	340.5	−9.3%	−6.7%	2.5%	31.0%
旅游、休闲娱乐	84.8	894.5	0.6%	12.5%	2.0%	9.5%
其他辅助服务	223.7	1506.3	11.1%	7.8%	5.4%	14.9%

2. 行业结构分布有所改善

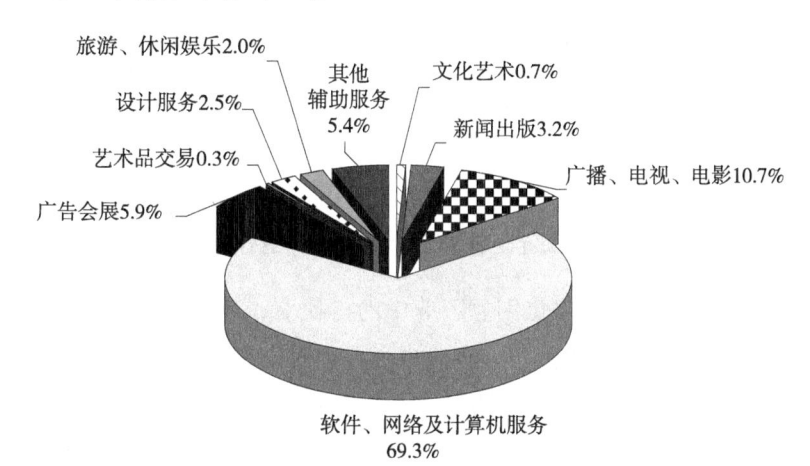

图 6　2015 年 1 月至 11 月海淀区规模以上文化创意产业各行业收入结构分布

2015 年 1 月至 11 月，海淀区文化创意产业九大行业分类中，软件、网络及计算机服务行业占比仍持续增大，达到 69.3%，较 2014 年的 68.6% 增长 0.7 个百分点。其中，由于"互联网+"战略的稳步推进，新兴业态层出不穷，互联网信息服务领域收入增长 28.6%，所占比重上升 1.5 个百分点。

广播、电视、电影行业占比位居第二，达到10.7%，较2014年的11.9%下滑1.2个百分点；广告会展行业异军突起，占比达到5.9%，增长0.9个百分点，收入增幅高达27.5%，行业结构排名从2014年的第四位跃居第三位；其中，广告业是收入增长的主要动力，增幅达到29%。艺术品交易行业在政府积极引导下有所好转，占比从2014年的0.2%上升为0.3%，收入增幅达到23.7%，业务主要集中在首饰、工艺品及收藏品批发领域。文化艺术行业、新闻出版行业、旅游休闲娱乐行业及其他辅助服务行业基本维持原有结构占比，分别为0.7%、3.2%、5.4%和2.0%，设计服务行业下滑明显，占比从2014年的3%下滑到2.5%。

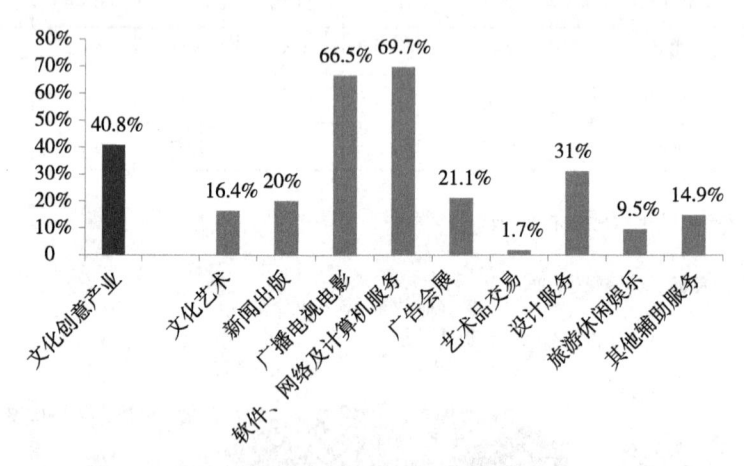

图7 2015年1-11月海淀区规模以上文化创意产业各行业收入在全市占比

从各行业在北京市文化创意产业中的占比看，软件、网络及计算机服务行业和广播、电视、电影行业在全市中分别占比69.7%和66.5%，在北京市占有重要的战略地位；设计服务、广告会展、新闻出版行业在全市占比均在20%以上，在北京市具有行业引领作用；文化艺术、其他辅助服务行业在全市占比在10%~20%之间，是北京市相关行业的重要补充；艺术品交易行业在全市仅占1.7%，是北京市艺术品交易行业的有益补充。

表13 2015年1月至11月海淀区规模以上文化创意产业分行业劳动生产率情况

类别	收入（亿元）	从业人员（万人）	劳动生产率（万元/人）
文化艺术	28.6	0.57	50.2

续表

类别	收入（亿元）	从业人员（万人）	劳动生产率（万元/人）
新闻出版	132.1	1.63	81.0
广播、电视、电影	447.3	2.52	177.5
软件、网络及计算机服务	2885.9	42.59	67.8
广告会展	244	1.23	198.4
艺术品交易	11.2	0.01	1120.0
设计服务	105.6	3.52	30.0
旅游、休闲娱乐	84.8	1.23	68.9
其他辅助服务	223.7	1.67	134.0

从各行业劳动生产率来看，北京市文化创意产业平均劳动生产率在89.9万元/人。与之相比较，海淀区呈现"四高五低"的行业格局。四大行业劳动生产率高于全市平均劳动生产率。其中，排在第一位的是艺术品交易行业，达到1120万元/人；其次是广告会展行业，达到198.4万元/人；第三位是广播、电视、电影行业，达到177.5万元/人，需要指出的是，电影服务领域为266.1万元/人，广播电视服务为186.4万元/人，广播电视传输为83.6万元/人；第四位是其他辅助服务行业，达到134万元/人。五大行业劳动生产率低于全市平均劳动生产率。其中，新闻出版行业为81万元/人；旅游休闲娱乐行业为68.9万元/人；软件、网络及计算机行业为67.8万元/人，需要指出的是，互联网信息服务领域为116.8万元/人，软件开发领域为58万元/人；文化艺术和设计服务行业较低，分别为50.2万元/人和30万元/人。

综上所述，海淀区在未来产业结构调整中，应着重关注互联网信息服务领域、电影服务领域、广告业领域、艺术品交易行业的发展，进一步扩大行业规模；加大软件开发领域、电视服务领域的行业引导力度，逐步实现提质增效；加快旅游休闲娱乐行业和新闻出版行业的转型升级；积极扶持文化艺术行业发展，保护文化艺术遗产；剔除设计服务行业的低端企业，积极发展城市规划和集成电路设计领域企业。

七、存在的主要问题及未来发展方向选择

(一)软件、网络及计算机服务行业发展迅猛,高科技拉动产业融合发展

2014年,软件、网络和计算机服务行业收入占比达到69%,占文化创意产业收入的七成,从业人员、资产、利润、税金等4项指标占比均超过半数。2010年至2014年间资产累计增长2856亿元,5年间行业平均利润率为13.3%,逐年呈上升态势,2014年达到14.9%,显示出强劲的发展势头。其中,基础软件服务资产从2010年的53.6亿元增长到2014年的3183.8亿元,年平均增长率高达177.6%。

鉴于全区的信息资源优势和高等教育优势,结合"互联网+"战略的进一步实施,提出以下几点建议:一是稳定基础软件服务取得的成果,加快基础软件国产化进程,逐步缩小国际差距;二是积极推动软件开发领域服务于工业4.0的转型,进一步加大传统行业升级力度,助力经济结构调整;三是进一步扩大应用软件服务领域,特别是数字内容服务。据统计,2014年应用软件服务资产增长率高达130%,显示出强劲的增长势头。同时,数字内容服务资产仅占文化创意产业的1%,规模亟待提升。积极引导软件开发[①]领域的技术优势向数字内容服务转变,鼓励优势企业综合运用云计算、物联网、移动互联网等新一代网络技术搭建数字内容业务综合运营平台;四是大力发展新媒体产业。积极推进报网融合、台网融合,充分发挥软件开发领域的资源优势,充分发挥高校、科研院所的人才优势,建设一批新媒体联合实验室,逐步推进富有活力的全媒体新格局。五是促进传统文化产业转型升级。利用"互联网+"等手段,重点推进文化艺术、新闻出版、广告会展、设计服务四个行业的发展模式,改进传统的宣传模式和运营模式,加快"设计之都"建设进程,利用大数据等先进技术提升广告设计、创意策划等关键环节的发展水平。

值得注意的是,目前,从国家统计局的统计口径来看,大多数软件、

---

① 软件开发领域资产占文化创意产业资产的40%。

网络和计算机服务内容不在国家统计局的文化及相关产业统计口径内。严格意义上说，海淀区文化创意产业收入等各项指标存在虚高的风险[①]，创意特征突出，文化特征不明显。另外，从企业注册的角度出发，由于税收政策的调整，企业在注册初期为获得税收优势，往往选择具有税收优惠政策的行业或细分领域注册，与实际主营业务有一定偏差，不利于获取准确的分类数据。在"大众创业、万众创新"的大背景下，应在注册环节加大指导力度，改善注册分类偏差。

（二）品牌建设长效机制亟待完善，加快培育影响力大、口碑好的国际品牌

海淀区历史悠久，著名的"三山五园"并没有发挥出应有的品牌效应。在建设"大西山"的战略指引下，应进一步开发新的国际品牌，在老品牌的基础上引进新思路、开发新产品。积极推进文化再开发工程，联合周边区县合作开发西山山脉资源，引进杂技、野外生存训练、国防教育等项目，集学习、旅游、休闲娱乐于一体化经营。同时，在新品牌建设上建立长效机制，鼓励企业加大宣传力度，走出国门，积极参与国际交流与合作，扩大企业影响力，力争"十三五"期间培养5~10个知名国际新品牌；加大品牌企业的创新能力建设，合理规划产业布局，设立产业聚集区的准入门槛，提升产业聚集区的品牌效应。以文化企业为主体，加快建设一批具有重大示范效应和产业拉动作用的文化项目。继续推进文化振兴工程、文化创意企业孵化基地、文化信息平台等重大文化建设项目。选择一批具备实施条件的重点项目给予支持。锁定重点支持行业，重点扶持领域，进一步加大新兴业态的扶持力度。

（三）稳定企业数量，扩大企业规模，深入挖掘利润增长点

"十二五"期间，海淀区文化创意产业企业单位从2010年的2832家，减少到2014年的2680家，减少了152家。从业人员从2010年的37.4万人，

---

① 如果按照国家统计局统计口径，海淀区文化创意产业各项指标会下降较为明显。

发展到2014年的53.4万人，增加了16万人，每单位从业人员从2010年的132人，增加到2014年的199人，从从业人员数量上看，单位规模扩大了50.8%。

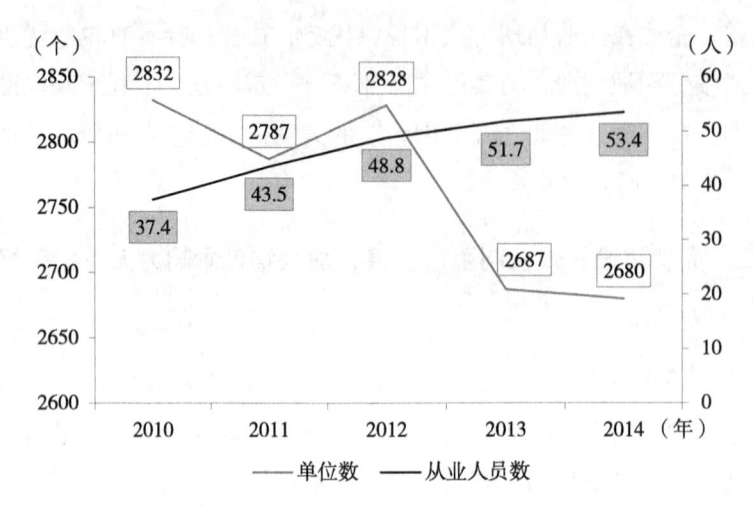

图8　2010-2014年海淀区文化创意产业单位数量及从业人员数量变化趋势图

造成规模以上企业数量减少的原因可能有三个方面：一是产业内企业数量整体下滑，文化创意产业企业数量整体减少；二是产业聚集效应未能显现，产业内尽管企业众多，但达到规模以上的企业还在少数；三是企业兼并重组，导致单位规模增大，单位数量减少。建议"十三五"期间以产业园区为龙头，选择一批效益好、有一定品牌知名度、产品前景广阔的中型企业进行重点扶持，加快企业规模扩张，力争将其纳入到规模以上企业的统计口径中来。

"十二五"期间，北京市文化创意产业收入呈线性增长，2010~2014年间平均增长率稳定在14.5%。从业人员数量由2010年的85.1万人增加到2014年的115.1万人，增长趋势趋于平缓，增幅由2011年的12.2%降为4.2%。从劳动生产率的角度看，每名从业人员创造的收入逐年增加，从2010年的80.6万元/人增加到2014年的102.5万元/人，增幅为25%。

相对于全市情况，海淀区文化创意产业收入情况与从业人员数量呈"剪刀差"现象。"十二五"期间，文化创意产业收入增长速度放缓，2011

年收入增长率为 17.5%，2014 年回落到 13.6%，下降 3.9 个百分点，5 年间年平均增长率 14.0%。从业人员数量由 2010 年的 37.4 万人增加到 2014 年的 53.4 万人，增长趋势先升后降，增幅由 2011 年的 16.3% 下降到 2014 年的 5.3%，下降 11 个百分点。从劳动生产率的角度看，每名从业人员创造的收入逐年增加，从 2010 年的 76.0 万元/人增加到 2014 年的 89.8 万元/人，增幅为 18.2%，劳动生产率逐步提升。

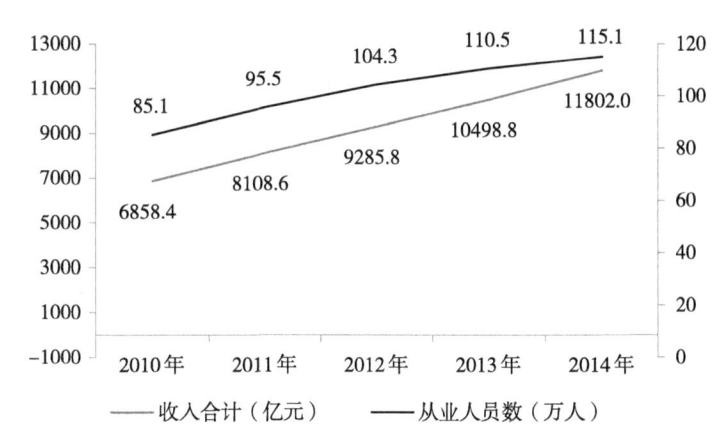

图 9　2010-2014 年度北京市文化创意产业收入与从业人员统计图

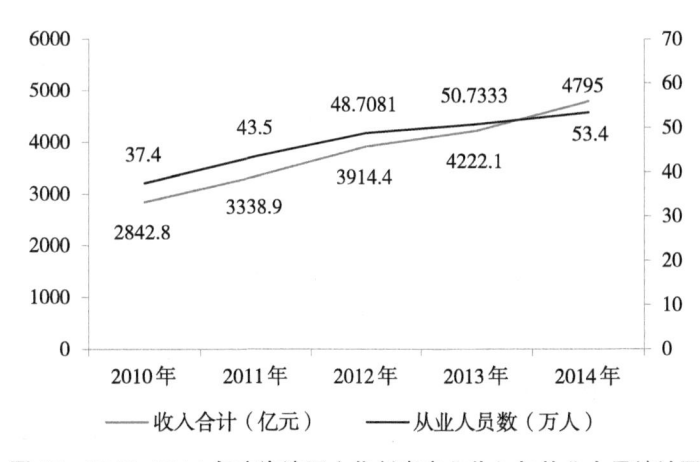

图 10　2010-2014 年度海淀区文化创意产业收入与从业人员统计图

从利润情况看，2010~2014 年文化创意产业利润增长乏力，利润总额平均年增长率为 20%。但是，从 2011 年起，其增长率始终呈下降态势，截至

2014 年，利润总额增长率回落到 14.9%，下降较为明显。

  针对以上问题，结合"京津冀协同发展"重大战略，建议将文化设备生产、广播、书、报、刊制作等细分类别迁出海淀区，准确定位九大行业发展目标，各行业发展重点有所区别。继续保持软件、网络及计算机服务行业的优势地位，重点考查收入、利润总额和税金指标；加大旅游、休闲娱乐行业吸纳就业能力，重点考查从业人员和收入指标；合理规划核心文化功能区，分别设立信息科技、舞蹈艺术、书画鉴赏、广播影视等核心文化功能区，打造具有海淀特色的文化宜居区。坚持以绿色、文明为导向，以低碳、节能为宗旨，以优质、高效为标准发展文化创意产业，全面推进物质社会和精神社会双丰收。

（四）加强社会服务能力的调查，充分吸纳就业，营造无污染、多元化的文化氛围

  文化创意产业不仅具有创造价值的功能，还有普遍服务的功能。在满足各类型消费者文化消费的同时，要兼顾效益和利益的均衡。从统计的主要指标来看，目前采用的任何一个指标或指标组合都无法说明文化创意产业的普遍服务能力的提升。因此，在社会服务能力方面评价和考查亟待提升。进一步加强社会服务能力的调查与研究，深入了解文化消费的热点和消费模式，从而丰富文化创意产业指标监测体系，是较为紧迫的工作。建议着重做好以下几点工作：一是不断充实文化创意产业监测指标，明确指标选取的意义，如国内外文化产品消费情况、国内外进出口情况等；二是建立指标数据长期采集的工作机制，及时获取核心数据；三是加强分析研究，利用监测指标分析科技创新中的发展进程和问题，并为文化创意产业发展战略提供决策依据。

  加大惠民工程支持力度，集中力量做好运动健身、知识拓展、旅游休闲三大工程；一是加强组织领导，建立相关的考核、评价机制，把惠民工程的进度和建设效果融入干部业绩考核中；二是加强文化产业人才的培养，继续加强运动健身、康复训练等人才的培训力度，营造积极健康的文化氛围；三是利用"互联网+"转变传统文化传播模式，鼓励文化企业与信

息科技融合发展；加大旅游休闲宣传力度，利用市场机制推动旅游市场的进一步繁荣。

文化创意产业并非劳动力密集型产业，各行业吸纳就业能力参差不齐。从2011年起，文化创意产业从业人员增长率呈下降趋势，截至2014年底，其增长率仅为3.3%，而资产增长率高达19.5%。按照每亿元资产拉动就业的情况来看，排在前三位的是旅游、休闲娱乐行业、其他辅助服务行业和设计服务行业，每亿元资产拉动就业人数均在100人以上，而广播、电视、电影行业、艺术品交易和文化艺术行业均在50人以下，适当加大休闲娱乐行业的投入，将有效解决吸纳就业的问题。

（五）充分发挥教育、科研优势，打造新时代、高科技特征文化底蕴

全区高校林立、科研实力雄厚。以教育科研为文化底蕴，借助教育资源和科研优势，鼓励培训市场的引导和扩大，加大教育培训领域的创业投资引导。

积极推动大学生游学项目的发展，为大学生创业文化营造良好环境。大学生是未来消费的主要群体，培养大学生文化品位和文化消费习惯，是未来文化消费趋势的预投资。积极推动大学生游学项目，应着力做好以下几点工作：一是建立大学生游学基金，鼓励风险投资、民间资本参与；二是建立大学生游学管理机构，每年定期举办大学生文化交流活动，组织学生与国外学生进行交换学习或交流；三是搭建高端人文游学品牌，扶植1~2个游学中心，营造大学生创业文化氛围。

Ⅳ

海淀区文化创意产业
经济发展研究（2016）

2016年是"十三五"的开局年。在加快落实北京市"四个中心"战略定位，着力建设国际一流和谐宜居之都的大背景下，加强文化产业园区的引领作用，加快产业结构转型升级，是2016年文化创意产业的工作重点。认真总结和分析2016年文化创意产业的发展变化，认清面临的诸多机遇与挑战，对进一步推动供给侧改革，明确发展重点，理清工作思路，完善发展机制，提升工作效率，具有非常重要的意义。

一、海淀区文化创意产业总体情况

2016年海淀区文化创意产业发展态势良好。单位数和就业人数略有增加，资产和收入仍保持高位增长，产业结构有所调整，主要指标占全市的比重略有下降，在各区县中仍处于领先地位。

（一）全年营业收入高位增长，增速达12%

2016年，全区规模以上文化创意单位2531家，比上年增加3家；规模以上文化创意单位全年实现收入6389.2亿元，同比增长12.1%。全年上缴税金302.0亿元，同比下降0.9%；实现利润总额601.5亿元，同比增长7.8%；资产合计达到11767.5亿元，同比增长19.2%；从业人员达到60.9万人,同比增长2.0%。

从发展趋势来看,2015~2016年6项指标同比增长率如表1:

表1 2015~2016年海淀区文创产业规上企业各项指标增长率(%)

年份	单位数	收入合计	税金合计	从业人数	资产合计	利润总额
2015年	-5.7	18.9	11.1	11.9	23.0	0.0
2016年	0.1	12.1	-0.9	2.0	19.2	7.8

2015~2016年间,海淀区文化创意产业规模以上企业资产、收入仍保持高位增长态势,连续两年增长率保持在10%以上。单位数量减少趋势有所改变,从2015年的下降5.7%转变为2016年增长0.1%;从业人员增长放缓,从2015年的11.9%下降到2016年的2.0%。税金增长率由正变负,利润总额增长率提升近8个百分点,说明企业赋税有所下降,经营效益有所提高,"创新创业"政策扶持落到实处。

2016年是"十三五"的开局之年,与"十二五"期间相比,各项指标有所变化,如图1、图2、图3。

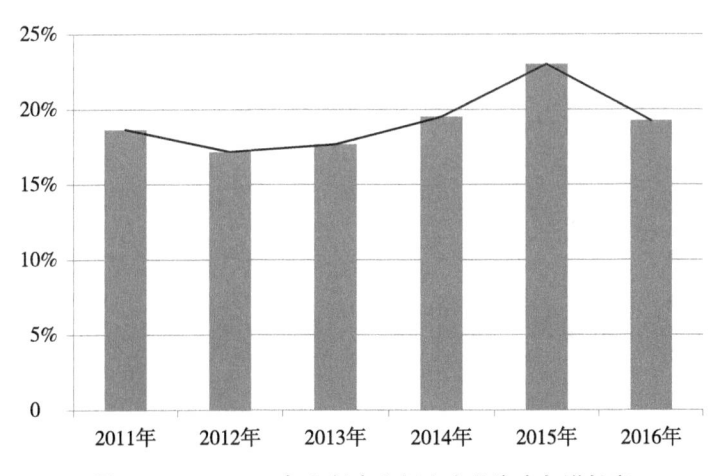

图1 2011~2016年文创产业规上企业资产年增长率

资产方面,2016年海淀区文化创意产业规上企业资产首次突破1万亿,并保持"十二五"期间的高位增长,2011~2016年连续6年增长率保持在15%以上,为"十三五"期间海淀区文化创意产业健康发展夯实基础。

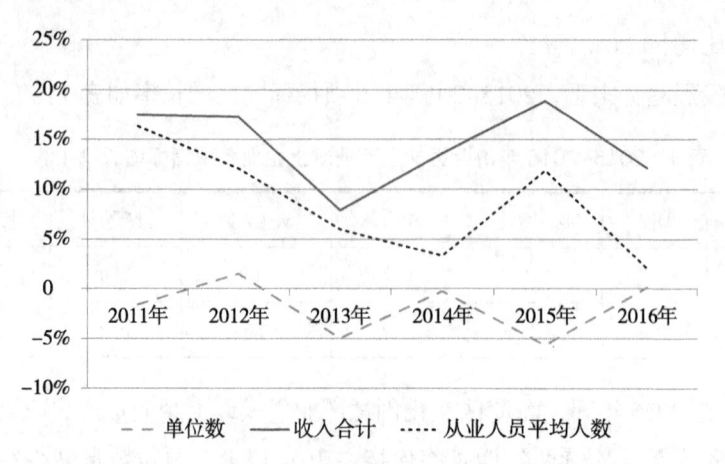

图2 2011-2016年文创产业规上企业收入、企业数量、从业人数年增长率

收入方面，2016年海淀区文化创意产业规模以上企业在单位数量、从业人员两项指标均略有增长的情况下，实现收入仍保持了10%以上的增长率，文化创意产业发展形势比较乐观。除2013年略低于10%以外，收入增长率连续3年保持10%以上的增长态势，2016年较"十二五"初期收入增长率略高0.5个百分点；规模以上文化创意产业单位数量较"十二五"初期减少了256家，主要原因是规模以上文化创意单位统计口径逐年提高所致；2016年从业人员增长率呈历史性新低，较"十二五"初期的从业人员增长率下降了14.3个百分点，与疏解非首都功能有关。

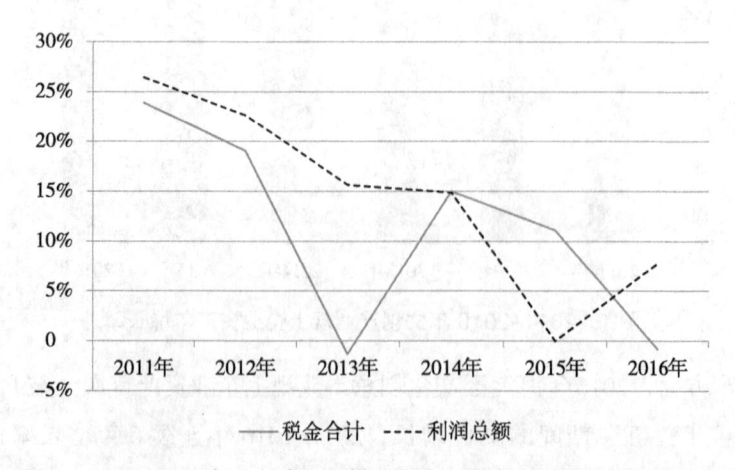

图3 2011~2016年文创产业规模以上企业税金、利润总额年增长率

利润方面，2016年海淀区文化创意产业规模以上企业利润总额增长率迎来好转，实现增长7.8个百分点，一举扭转了连年下滑的发展态势。同时，税金增长率有所下降，出现小幅负增长，呈现出三年一次的周期性波动。

（二）产业结构有所调整，广告和会展服务、设计服务行业发展较快

从产业结构上看，重点行业仍保持雄厚实力，广告和会展服务、设计服务行业快速发展。用收入计算，软件和信息技术服务行业占比从2015年的69.7%下降到2016年的68.3%，仍占主导地位。广播电视电影服务行业由9.4%降低为8.7%。广告和会展服务、设计服务行业发展势头良好。其中，广告和会展服务行业占比由7.2%提高到8.6%，提高了1.4个百分点；设计服务行业占比由2.3%提高到3.6%，提高了1.3个百分点。文化艺术服务、艺术品生产与销售服务行业占比略有上升，新闻出版及发行服务、文化休闲娱乐服务行业和文化用品设备生产销售及其他辅助行业占比有所下降，其中文化用品设备生产销售及其他辅助行业尤为突出，下降了0.7个百分点。重点行业占比回调，广告和会展服务、设计服务行业占比提升，其他辅助行业下降明显，说明产业结构进一步优化，文化创意特征进一步增强，统计分类进一步完善。

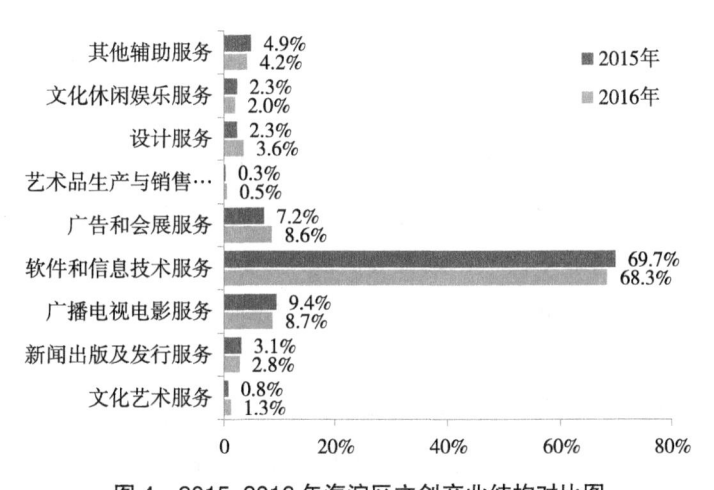

图4　2015~2016年海淀区文创产业结构对比图

（三）营业收入占全市比重仍居首位

2016年，海淀区文化创意产业营业收入占北京市的42%，比2015年下降0.4个百分点。这一占比仍在各区县排名第一，朝阳区占比20.6%，位居第二，东城区占比为13.0%，位居第三。西城区占比为6.9%，位居第四。

表2　2016年各区县文化创意产业营业收入完成情况对比

	2016年		2015年		提高百分点
	收入（亿元）	占比（%）	收入（亿元）	占比（%）	
全市	15224.8	100	13451.3	100	—
东城区	1986.3	13	1839	13.7	-0.6
西城区	1051.7	6.9	837.8	6.2	0.7
朝阳区	3136	20.6	2777.3	20.6	0
海淀区	6389.2	42	5699	42.4	-0.4
通州区	155	1	135.9	1	0
其他区县	2506.6	16.5	2162.4	16.1	0.4

（四）行业发展情况

2016年，海淀区文化创意产业单位数量略有增加，从行业上看，呈现"五升四降"态势。其中，文化艺术服务、艺术品生产与销售服务、文化休闲娱乐服务和文化用品设备生产销售及其他辅助行业的单位数量增幅较大。由于2016年开始执行新的文化创意产业标准，文化艺术服务行业新增普通教育和文化艺术服务类教育两个小类，因此纳入统计的单位数量明显增加，新增单位中，规模较大的单位有北京舞蹈学院和北京电影学院；文化休闲娱乐服务行业单位数量增幅较大的原因是2016年将旅行社纳入统计范围；艺术品生产与销售服务从原来的2家增加到5家，新增单位中，规模较大的企业为北京康福德科技发展有限公司。广播电视电影服务行业单位数量略有增加；新闻出版及发行服务、软件和信息技术服务、广告和会展服务单位数量略有减少，设计服务单位数量降幅较大，达到33.5%，符合北京市疏解首都核心区人口功能的政策要求；从业人员数量略有增长，主要是软件和信息技术服务和文化艺术服务两个行业增长量较高,广告和会展服务、艺术品生产与销售服务、文化休闲娱乐服务和文化用品设备生产销售及其他辅助行业略有增长,其余行业均有减少(详见表3)。

表3 2015~2016年海淀区文创产业规模以上单位数及从业人员

	单位数(家)			从业人员(人)		
	2016	2015	增长(%)	2016	2015	增长(%)
合计	2531	2528	0.1	609252	597257	2.0
文化艺术服务	93	64	45.3	15165	7058	114.9
新闻出版及发行服务	117	130	-10.0	15979	17768	-10.1
广播电视电影服务	96	89	7.9	24814	25551	-2.9
软件和信息技术服务	1648	1702	-3.2	481304	472110	1.9
广告和会展服务	150	152	-1.3	12114	11627	4.2
艺术品生产与销售服务	5	2	150.0	677	72	840.3
设计服务	127	191	-33.5	26968	31302	-13.8
文化休闲娱乐服务	149	94	58.5	13376	13341	0.3
文化用品设备生产销售及其他辅助	146	104	40.4	18855	18428	2.3

营业收入只有文化休闲娱乐服务和文化用品设备生产销售及其他辅助行业下降,其余七个行业均为增长;其中,尽管文化休闲娱乐服务单位数量增加,但是由于新增旅行社年报为全口径统计,一般规模比较小,对营业收入贡献小,因此文化休闲娱乐服务行业仍为下降趋势。文化艺术服务、广告和会展服务、艺术品生产与销售服务、设计服务增幅高于平均数,软件和信息技术服务略低于平均数;其中,软件和信息技术服务、广播电视电影服务服务、广告和会展服务行业对营业收入的增长贡献最大,文化艺术服务行业新增单位较多,新增单位中北京舞蹈学院和北京电影学院的收入贡献较大;设计服务新增1家规模百亿级单位,为海淀区减员增效做出贡献。利润总额方面,软件和信息技术服务利润总额增幅略高于平均增幅,设计服务、艺术品生产与销售服务、文化用品设备生产销售及其他辅助利润总额增幅大大超过平均增幅;广告和会展服务、文化休闲娱乐

服务、广播电视电影服务、新闻出版及发行服务和文化艺术服务利润总额增长率均为负值（详见表4），其中，广告和会展服务、文化休闲娱乐服务利润总额增长率下滑明显，下滑幅度将近一半。需要指出的是，软件和信息技术服务和设计服务两个行业利润总额贡献最大。

表4　2015~2016年海淀区文创产业规模以上单位营业收入及利润总额

	营业收入（亿元）			利润总额（亿元）		
	2016	2015	增长（%）	2016	2015	增长（%）
合计	6389.2	5699	12.1	601.5	558.3	7.7
文化艺术服务	80.0	43.4	84.2	0.8	0.9	−8.5
新闻出版及发行服务	180.4	176.8	2.1	24.0	29.1	−17.7
广播电视电影服务	558.6	536.3	4.2	23.3	32.6	−28.5
软件和信息技术服务	4361.3	3971.9	9.8	500.9	459.6	9.0
广告和会展服务	551.7	410.9	34.3	10.3	19.6	−47.5
艺术品生产与销售服务	33.1	15.2	117.6	1.8	1	77.3
设计服务	226.9	132.5	71.3	33.1	13.9	137.9
文化休闲娱乐服务	128.5	133.7	−3.9	2.9	5.2	−44.0
文化用品设备生产销售及其他辅助	268.6	278.3	−3.5	4.5	−3.6	226.1

（五）行业特点分析

2016年，三大重点行业的产业结构特征更加明显，产业结构调整成果显著。软件和信息技术服务行业规模以上单位共计1648家，收入4361.3亿元，占海淀区文化创意产业收入的68.3%，平均每家单位创造收入2.6亿元；广播、电视、电影行业规模以上单位共计96家，收入558.6亿元，占海淀区文化创意产业收入的8.7%，平均每家单位创造收入5.8亿元。值得一提的是，广告和会展服务行业异军突起，规模以上单位共计150家，收入551.7亿元，占海淀区文化创意产业收入的8.6%，与广播、电视、电影行业基本持平，平均每家单位创造收入3.7亿元。三大行业是海淀区文化创意产业的支柱行业，其收入占全区收入近九成，从业人员占全区从业人员的85.1%，利润占全区利润的88.9%，是海淀区的重点行业，在海淀区乃至北京市具有重要地位。从三大行业每单位创造的收入来看，广播、电视、电影行业的单位收入排在第一位，其次是广告和会展服务，软件和信息技术服务行业的单位收入位居第三。

从经济指标看，2016年，软件、网络及计算机行业收入利润率为11.5%，较去年下降0.1个百分点；广播、电视、电影行业收入利润率为4.2%，较去年下降0.6个百分点，广告和会展服务行业收入利润率为1.9%，较去年下降2.9个百分点。从行业的获利能力上看，软件、网络及计算机行业仍具有较强的获利能力，市场引力较大，容易吸引投资。软件、网络及计算机行业劳动生产率为90.6万元/人，较去年所有上升；广播、电视、电影行业劳动生产率为225.1万元/人，较去年所有上升；广告和会展服务行业劳动生产率为455.5万元/人，较去年有大幅增长，显示出创意设计的高附加值特征。

表5 2016年海淀区文创产业规模以上单位劳动生产率及资产利润率

	劳动生产率（万元/人）			资产利润率（%）		
	2016	2015	增长（%）	2016	2015	提高百分点
合计	104.9	95.4	9.9	5.1	5.7	-0.6
文化艺术服务	52.7	61.5	-14.3	0.4	0.7	-0.3
新闻出版及发行服务	112.9	99.5	13.5	6.0	7.8	-1.8
广播电视电影服务	225.1	209.9	7.2	1.3	2.0	-0.7
软件和信息技术服务	90.6	84.1	7.7	6.1	6.8	-0.7
广告和会展服务	455.5	353.4	28.9	2.8	6.4	-3.6
艺术品生产与销售服务	488.6	2111.1	-76.9	11.4	11.2	0.2
设计服务	84.1	42.3	98.8	6.1	4.8	1.3
文化休闲娱乐服务	96.1	100.2	-4.1	2.2	3.8	-1.6
文化用品设备生产销售及其他辅助	142.5	151.0	-5.7	2.1	-2.2	4.3

2016年，9个行业劳动生产率呈现"五升四降"，提高幅度较高的是广告和会展服务、设计服务和新闻出版及发行服务3个行业，均在平均增幅以上；资产利润率整体略有下滑，九行业"三增六减"。其中，设计服务、

艺术品生产与销售服务和文化用品设备生产销售及其他辅助 3 个行业所有增长，其他 6 个行业所有下降。需要指出的是，软件和信息技术服务增幅下降 0.7 个百分点，低于平均数，是影响整体下降幅度的主要因素。

二、产业集中度分析[①]

（一）海淀区文化创意产业集中度（CRn）提高

2015 年，海淀区文化创意产业排名靠前的 100 家单位（以下简称"Top100"），共计实现收入 3337 亿元，CR100 为 58.6%，较 2012 年增长近 2 个百分点，产业集中度有所提升。拥有资产 4978.9 亿元，占海淀区规模以上文化创意产业总资产的 50.5%；实现利润 326.7 亿元，占海淀区规模以上文化创意产业总利润的 58.5%；缴纳税金 162.7 亿元，占海淀区规模以上文化创意产业总税金的 58.6%；从业人员共计 19.4 万人，占海淀区规模以上文化创意产业总从业人数的 32.4%。2012 年、2015 年海淀区文化创意产业 Top100 的集中度情况见表 6：

表 6　海淀区文化创意产业分行业集中度（Top100）

	Top100 单位数（个）		Top100 营业收入（亿元）		规上企业营业收入（亿元）		CR_n（%）	
	2012 年	2015 年	2012 年	2015 年	2012 年	2015 年	2012 年	2015 年
合计	100	100	2222.9	3337.0	3914.6	5699	56.8	58.6
文化艺术服务	1	0	7.7	—	35.9	43.4	21.5	—
新闻出版及发行服务	4	3	38.5	39.9	156.9	176.8	24.6	22.5
广播电视电影服务	8	8	418.0	452.3	469.5	536.3	89.0	84.3
软件和信息技术服务	67	70	1511.9	2331.0	2628.7	3971.9	57.5	58.7
广告和会展服务	8	11	95.8	304.0	191	410.9	50.2	74.0
艺术品生产与销售服务	2	1	28.0	13.8	30.4	15.2	92.0	90.8

---

① 集中度分析具有阶段性，每年变化不大，不适合每年进行监测。考虑到 2015 年是"十二五"的收官之年，因此集中度分析采用的是 2015 年的数据，不仅是对"十二五"期间集中度的总结，而且有利于与"十三五"发展情况的比对。

续表

	Top100 单位数（个）		Top100 营业收入（亿元）		规上企业营业收入（亿元）		CR_n（%）	
	2012年	2015年	2012年	2015年	2012年	2015年	2012年	2015年
设计服务	2	1	16.2	12.0	125.7	132.5	12.9	9.0
文化休闲娱乐服务	2	1	16.9	12.2	87.2	133.7	19.4	9.1
文化用品设备生产销售及其他辅助	6	5	89.9	171.9	189.3	278.3	47.5	61.8

（二）海淀区文化创意产业分行业集中度差异大

2015年，分行业集中度呈现"五高四低"格局，广播电视电影服务、软件和信息技术服务、广告和会展服务、艺术品生产与销售服务、文化用品设备生产销售及其他辅助5个行业集中度较高于整体产业集中度，文化艺术服务、新闻出版及发行服务、设计服务、文化休闲娱乐服务产业集中度较低，较2012年的"三高六低"格局有所改善。其中，软件和信息技术服务行业集中度指标为58.7%，是整个文化创意产业集中度的决定性因素。

2015年与2012年相比，分行业集中度呈现"三升六降"的特点。广告和会展服务升幅最大，上升了近24个百分点；文化用品设备生产销售及其他辅助行业上升了14个百分点；软件和信息技术服务行业有小幅提升。文化艺术服务、文化休闲娱乐服务行业降幅最为明显，分别下降22个百分点和10个百分点。广播电视电影服务、设计服务、新闻出版及发行服务、艺术品生产与销售服务行业均有小幅下降，下降幅度分别为5%、4%、2%和1%。

值得注意的是，2015年，文化艺术服务行业单位没有一家进入Top100，文化休闲娱乐服务行业有分散化趋势，没有形成有效的规模效应。设计服务行业业务内容单一，主要集中在市政工程设计方面，缺乏具有国际竞争力的大型设计服务企业。

2012年，排在前十位的单位有：中央电视台、神州数码、百度、华为、微软（中国）、甲骨文（中国）、腾讯、北京电视台、思爱普（北京）、北京汇元网。从行业上看，主要集中在软件和信息技术服务行业和广播电视电影服务行业。2015年，排在前十位的单位有：百度、神州数码、腾讯、中央电视台、普天、微软（中国）、华为、甲骨文（中国）、思爱普（北京）、中国电影集团。

排名前十的单位的变化，呈现两大特征：一是行业分布更为广泛，2012 年的主要集中在软件和信息技术服务（8 家）和广播电视电影服务行业（2 家）2 个行业，2015 年扩展为 4 个行业（软件和信息技术服务 6 家；广播电视电影服务 2 家；广告和会展服务 1 家；文化用品设备生产销售及其他辅助行业 1 家）两大行业发展为四大行业，体现了文化创意产业结构调整的成果，有利于海淀区文化创意产业均衡发展；二是具有互联网特征的企业如百度，腾讯等发展较快。

（三）海淀区文化创意产业竞争程度进一步提高

总体上看，海淀区文化创意产业竞争程度有所上升，Top100 企业的 HHI 指标从 2012 年的 323 下降到 2015 年的 250，下降了 73。由于产业内没有明显规模较大的垄断企业，因此，产业内竞争程度提高有利于结构调整和产业升级。2012 年、2015 年 Top100 的 HHI 指数测算结果如下表：

表 7　海淀区文化创意产业分行业 Top100 HHI 指数

	Top100HHI 指数		市场结构	
	2012 年	2015 年	2012 年	2015 年
合计	323	250	竞争Ⅱ型	竞争Ⅱ型
文化艺术服务	10000	0*	高寡占Ⅰ型	竞争Ⅱ型
新闻出版及发行服务	2714	3432	高寡占Ⅱ型	高寡占Ⅰ型
广播、电视、电影	5130	3642	高寡占Ⅰ型	高寡占Ⅰ型
软件和信息技术服务	317	335	竞争Ⅱ型	竞争Ⅱ型
广告和会展服务	1416	2332	低寡占Ⅱ型	高寡占Ⅱ型
艺术品生产与销售服务	5195	10000	高寡占Ⅰ型	高寡占Ⅰ型
设计服务	5166	10000	高寡占Ⅰ型	高寡占Ⅰ型
旅游、休闲娱乐	5003	10000	高寡占Ⅰ型	高寡占Ⅰ型
文化用品设备生产销售及其他辅助	1987	5119	高寡占Ⅱ型	高寡占Ⅰ型

注：*2015 年，文化艺术服务行业没有进入 TOP100 的单位，因此 HHI 值为 0。

Top100 企业分行业 HHI 指标呈现"七升二降"态势，除文化艺术服务、广播电视电影服务行业集中度指标下降外，其他七个行业集中度指标均呈上升趋势。值得注意的是，2012年到2015年间竞争结构变化显著的行业有3个。文化艺术服务行业从2012年的高寡占Ⅰ型转变为竞争Ⅱ型，说明行业有分散化趋势。新闻出版及发行服务和文化用品设备生产销售及其他辅助行业均由高寡占Ⅱ型转变为高寡占Ⅰ型，说明行业有明显的集中化趋势。软件和信息技术服务仍保持竞争Ⅱ型市场结构，行业内竞争充分。其他行业均为高寡占Ⅰ型。

（四）企业效率有所提升

测算企业效率用了三个指标。一是劳动生产率，利用收入与从业人员的比值，衡量人均产出的效率；二是资产收入率，利用收入与资产的比值，衡量资产的利用效率；三是收入利税率，利用利税合计与收入的比值，衡量企业盈利及贡献能力。2012年、2015年海淀区文化创意产业Top100的效率测算结果如下表：

表8 海淀区文化创意产业Top100市场效率

	劳动生产率（万元/人）		资产收入率（%）		收入利税率（%）	
	2012年	2015年	2012年	2015年	2012年	2015年
合计	151	172	79	67	17	15
文化艺术服务	48	—	25	—	1	—
新闻出版及发行服务	212	235	44	36	27	36
广播、电视、电影	240	268	51	31	8	9
软件和信息技术服务	131	140	86	73	22	18
广告和会展服务	665	741	349	300	7	5
艺术品生产与销售服务	1626	2707	196	168	8	11
设计服务	83	110	42	47	14	4
旅游、休闲娱乐	222	255	405	276	1	3
文化用品设备生产销售及其他辅助	132	552	238	259	3	2

2015年，Top100的劳动生产率为172万元/人，较2012年上升14个

百分点。Top100 的资产收入率为 67%，较 2012 年下降了 12 个百分点；Top100 的收入利税率从 17% 下降到 15%，下降了 2 个百分点。Top100 劳动生产率资产收入率大大高于海淀区规模以上文化创意产业，但收入利税率基本持平。说明 Top100 与其他文化创意产业规模以上单位面对的市场环境基本一致，没有明显的垄断利润，但规模效应明显，资产利用率较高，劳动效率提升显著。

Top100 分行业看，各行业劳动生产率均有所提升，资产收入率"二升六降"，收入利税率"四升四降"。文化艺术服务行业具有公益性质，缺乏市场活力，三项指标均为最低。新闻出版及发行服务行业收入利税率较高，说明市场环境较好，企业获利能力较强，规模效应较为明显。广播电视电影服务行业收入利税率略有提高，资产收入率下降明显，竞争结构有分散趋势，对行业效率产生一定负面影响。软件和信息技术服务行业体量大，尽管收入利税率略有下降，但仍维持在 20% 左右，处于较高水平，企业实力较强。广告和会展服务行业收入利税率整体水平不高，资产收入率也有所下降，三年间资产增长率达到 268.7%，呈现出投资型行业发展特征。艺术品生产与销售服务行业收入利税率上升，资产收入率下降，行业规模有明显的萎缩现象。设计服务行业收入利税率下降幅度大，市场环境堪忧，央属企业规模进一步增大，市属企业未进入 TOP100。旅游、休闲娱乐行业收入利税率上升，市场环境有所改善；资产收入率下滑明显，全员劳动生产率有所提升。文化用品设备生产销售及其他辅助行业收入利税率略有下降，资产收入率有所上升，劳动生产率大幅提升，行业内集聚效应明显。

三、"互联网 + 文化产业"

一般来讲"互联网 + 文化产业"主要有两个方面：一是文化创意产业如新闻出版及发行服务、广播电视、文学艺术、广告和会展服务、旅游休闲、设计服务等业态借助网络技术与互联网平台获得新发展空间；二是基于网络技术产生全新的文化形态，如网络视听、网络游戏、网络社交、网络信息服务等。

据初步梳理，海淀区规模以上文化创意产业88个小类中，主要有5个小类与"互联网+文化产业"联系紧密，分别为：互联网信息服务、数字内容、信息技术咨询服务、其他互联网服务、其他未列明信息技术服务业。5个小类共涉及企业360家，占海淀区规模以上企业的14.2%。360家具有"互联网+文化产业"特征的企业拥有资产1887.1亿元，占海淀区规模以上文化创意企业总资产的19.1%；实现收入1330.6亿元，占海淀区规模以上文化创意企业总收入的23.3%；实现利润172.4亿元，占海淀区规模以上文化创意企业总利润的30.9%；上缴税金74.6亿元，占海淀区规模以上文化创意企业总税金的24.5%；涉及从业人员118777人，占海淀区规模以上文化创意企业从业人员的19.9%。

从经济效率和效益指标上看，360家企业的劳动生产率为112万元/人，高出海淀区规模以上文化创意企业劳动生产率17.4%；资产收入率达到70.5%，高出海淀区规模以上企业近13个百分点；收入利税率达到13.1%，高出海淀区规模以上企业4个百分点。从竞争程度来看，360家企业的HHI指标为643，处于竞争Ⅱ型。说明具有"互联网+文化产业"特征的文化企业市场竞争较为充分，资产利用率高，生产效率好，盈利能力强。

四、总结与建议

本报告从三个方面描述了海淀区文化创意产业的发展情况。总体上看，海淀区文化创意产业稳定发展，行业结构有所改善，软件和信息技术服务行业依然是文化创意产业的主要支撑，广告和会展服务发展较快，其他行业发展空间相对较大。

为了进一步提升海淀区文化创意产业的发展水平，建议做好三个方面的工作。一是继续重视和加快基础建设，以软件和信息技术服务行业为主要抓手，重点发展以"互联网+文化产业"高级产业形态，推进科技、教育和文化产业的高度融合。二是针对行业特点，制定行业发展的相应策略或规划，在重视支撑行业的同时，关注其他行业的发展，促进九大行业健康协调发展。三是重视园区建设,对文化园区进行政策落实和发展情况数据的跟踪监测,以园区为"试验田",通过跟踪监测取得经验、发现问题,进一步把园区做大做强,同时,引导和指导全区文创产业的发展。

海淀区文化创意产业经济发展研究（2017）

2017年是海淀区文化创意产业布局的关键之年。文化创意产业紧紧围绕全国科技创新核心区建设，加大经济结构调整力度，推进"高精尖"产业发展，为海淀区经济发展贡献力量。

一、海淀区文化创意产业总体情况

（一）产业规模

单位数量方面，2017年1月至11月，海淀区规模以上文化创意产业单位数量达到2433家，较去年同期增加120家，仍保持周期性波动，总体仍呈下降态势。收入方面，2017年1月至11月，海淀区规模以上文化创意产业实现收入5831.0亿元，同比增长14.1%，收入增长率连续保持10%以上的增长态势。从业人员方面，2017年1月至11月，海淀区规模以上文化创意产业从业人员60.6万人，同比下降0.1%，从业人员增长率呈现负增长态势，说明海淀区人口疏解工作取得初步成效。综上所述，海淀区文化创意产业规上企业在从业人员均略有下降的情况下，实现收入仍保持了10%以上的增长率，文化创意产业发展形势比较乐观。如表1：

表1　2017年1月至11月海淀区文化创意产业发展情况

指标名称	2017年	2016年	增长率（%）
单位数（家）	2433	2313	5.2
收入（亿元）	5831.0	5108.2	14.1
从业人员（万人）	60.65	60.66	-0.1
资产（亿元）	12959.9	11401.3	13.7
利润总额（亿元）	512.0	485.1	5.5
税金（亿元）	272.6	226.2	20.5

需要指出的是，随着营改增税制改革的推进，2017年1月至11月海淀区文化创意产业税金增长20.5%，主要是改革过程中，避免一定量的偷税漏税、虚开发票等不法行为而产生的税金增长，文化创意产业的平均税率[①]为4.7，经营单位的税费比例并未显著增加。

（二）产业结构

收入方面，重点行业仍保持雄厚实力，软件和信息技术服务和广告会展行业快速发展。其中，软件和信息技术服务行业占比从2016年的68.7%上升到2017年的71.2%，[②]提高了2.5个百分点，仍占主导地位；广告和会展服务行业占比由9.5%提高到10.7%，提高了1.1个百分点。广播电视电影服务行业由9.6%降低为7.4%，设计服务行业占比由1.6%下降到1.3%，下降了0.3个百分点，文化休闲娱乐行业由2.1%下降到1.8%，下降了0.3个百分点，文化用品设备生产销售及其他辅助行业由4.5%下降到3.9%，下降了0.6个百分点。文化艺术服务、艺术品生产与销售、新闻出版及发行服务行业占比基本稳定。如图1：

从业人员方面，各行业从业人员分布变化不大。其中，软件和信息技术服务行业占比从2016年的80.7%下降到2017年的80.4%，仍占主导地位。广告会展行业占比由1.9%提高到2.1%，提高了0.2个百分点。文化艺术行业由1.6%上升到1.7%，提高了0.1个百分点。文化休闲娱乐行业由

---

① 平均税率=税金/收入。
② 本段均采用2016年1月至11月和2017年1月至11月数据进行分析。

2.1%上升为2.2%，提高了0.1个百分点。设计服务行业占比由3.8%下降到3.7%，下降了0.1个百分点。新闻出版及发行服务、广播电影电视、艺术品生产与销售和文化用品设备生产销售及其他辅助行业占比维持不变。如图2：

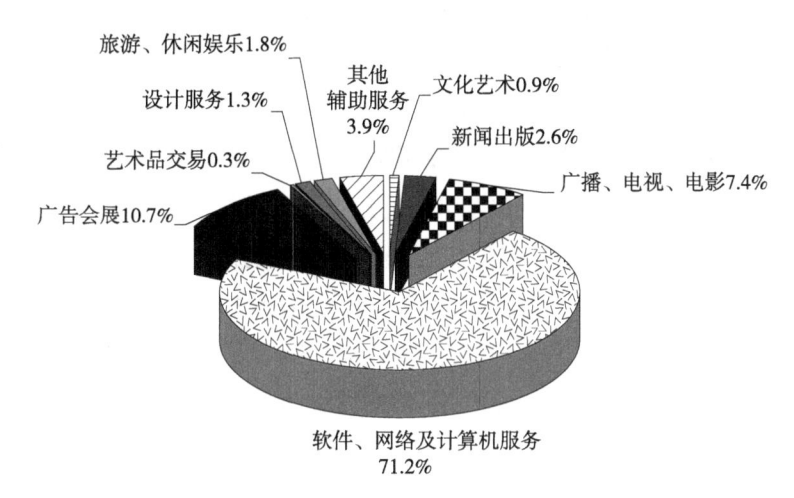

图1　2017年1月至11月海淀区文化创意产业行业结构（按收入）

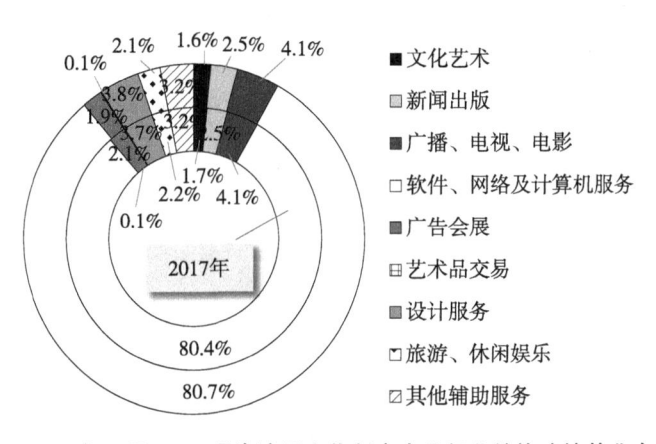

图2　2017年1月至11月海淀区文化创意产业行业结构（按从业人员）

综上所述，从收入和从业人员来看，大多数行业结构基本一致，个别行业差异较大。其中，广告会展行业从业人员仅占1.9%，收入占比高达10.7%；广播电影电视行业从业人员占比4.1%，收入占比达到7.4%；设计服务行业从业人员占比为3.8%，收入占比仅为1.3%。说明各行业间人力效率具有一定的差异。

(三)经济效益

2017年1月至11月海淀区文化创意产业实现收入5831.0亿元,同比增长14.1%;资产达到12960.0亿元,同比增长13.7%;实现利润总额512.0亿元,同比增长5.5%;实现税金272.6亿元,同比增长20.5%;经营成本为3419.1亿元,同比增长12.7%。

2017年1月至11月,海淀区文化创意产业营业单位平均收入达到2.4亿元,较2016年的2.2亿元高出0.2亿元,同比增长9.1%。营业单位平均拥有资产5.3亿元,较2016年4.9亿元高出0.4亿元,同比增长8.2%。全员劳动生产率达到96.2万元/年/人,较2016年增长14.3%。从业人员从2016年的60.64万人下降到2017年的60.58万人,下降0.1个百分点。由此可见,海淀区文化创意产业经营单位规模有所扩大,经营效率有所提升,从业人员小幅下降,体现出"减员增效'"的政策效果。

2017年1月至11月,海淀区文化创意产业营业单位利税率为13.5%,较2016年的13.9%下降0.4个百分点。平均税率为4.7%,较2016年的4.4%上升0.3个百分点。可以看出,利税率下降主要是由于平均税率导致的结果,经营单位面临的市场环境变化不大,获利能力与去年基本持平。

二、行业发展情况

(一)9大行业发展情况概况

2017年1月至11月,海淀区文化创意产业9大行业基础数据(包括单位数、收入、税金、资产、利润总额、从业人员6项指标)如表2:

从各行业发展的总体情况看,软件和信息技术服务行业规模仍稳居第一。劳动生产率为84.9万元/年/人;利税率为16.6%,尽管较2016年下降0.4个百分点,但是仍为9个行业中利税率最高的行业;平均税率为5.5%。由此可见,软件和信息技术服务行业呈现出较好的增长势头,具有市场拉动型行业特征。

表2 2017年1月至11月海淀区文化创意产业各行业基础数据

行业分类	单位数（家）	收入（亿元）	税金（亿元）	资产（亿元）	利润总额（亿元）	从业人员（万人）	劳动生产率（万元/年·人）	利税率（%）
合计	2433	5831.0	272.6	12959.9	512.0	60.6	96.2	13.5
一、文化艺术	68	50.0	0.9	158.4	0.5	1.0	50.8	2.9
二、新闻出版及发行服务	109	151.6	5.1	416.7	17.8	1.5	99.9	15.1
三、广播、电视、电影	94	429.5	14.2	1847.2	23.4	2.5	173.9	8.8
四、软件、网络及计算机服务	1652	4149.0	228.6	9334.3	459.6	48.9	84.9	16.6
五、广告会展	154	624.2	12.8	487.9	-1.7	1.1	543.0	1.8
六、艺术品生产与销售	4	17.7	0.6	16.5	1.2	0.1	278.7	10.5
七、设计服务	124	78.2	3.4	322.1	2.3	2.3	34.1	7.2
八、旅游、休闲娱乐	86	104.0	2.5	160.2	4.1	1.3	80.2	6.3
九、文化用品设备生产销售及其他辅助	142	226.8	4.6	216.5	4.8	1.9	116.4	4.1

广告会展行业发展迅猛，资产增长率达到28.8%，收入达到624.2亿元，仅次于软件、网络及计算机服务行业收入。劳动生产率为543.0万元/年/人，居9个行业之首，利税率为1.8%，较2016年下降2.6个百分点，平均税率为2.0%，资产收入比为127.9%，是9个行业中最高的行业，说明该行业并非投资拉动型的行业，是人才拉动型的行业。

设计服务和文化休闲娱乐行业发展势头良好。设计服务行业实现收入78.3亿元，且资产增长较快，达到14.7%；劳动生产率为34.1万元/年/人，处于较低水平；利税率为7.2%，平均税率为4.3%。文化休闲娱乐行业实现收入104.0亿元，资产增长率达到18.1%，劳动生产率为80.2万元/年/人，利税率为6.3%，较2016年上升1.2个百分点，平均税率为2.4%。

新闻出版及发行服务行业劳动生产率为99.9万元/年/人，利税率为

15.1%，较 2016 年下降 2.1 个百分点，在 9 个行业中排名第二，平均税率为 3.3%，行业利润率在 10% 以上。由此可见，新闻出版及发行服务行业具有一定的市场拉动型特征。

广播电视电影行业劳动生产率为 173.9 万元 / 年 / 人，利税率为 8.8%，较 2016 年增长 1 个百分点，平均税率为 3.3%。行业劳动生产率较高，资产收入比为 23.3%，是 9 个行业最低值，说明行业需要投入的资本较多，属于投资拉动型的行业。

文化艺术行业实现税金 0.9 亿元，增长近 20%，劳动生产率为 96.2 万元 / 年 / 人，但利润增长率大幅下降，为 -53.6%，利税率为 2.9%，较 2016 年下降 1.3 个百分点，平均税率为 1.9%；尽管其平均税率在 9 个行业中处于最低水平，但是仍对行业利润实现具有重要影响。

艺术品生产与销售行业劳动生产率为 278.7 万元 / 年 / 人，位居第二；利税率为 10.5%，平均税率为 3.5%。上述分析可以看出，艺术品生产与销售行业人力效率较高，市场前景较好的行业。

文化用品设备生产销售及其他辅助劳动生产率为 116.4 万元 / 年 / 人，利税率为 4.1%，平均税率为 2.0%。

综上所述，文化创意产业各行业发展各有特色。软件和信息技术服务行业依靠技术更新持续增长，新闻出版及发行服务行业严格执行知识产权保护健康成长，市场反馈较好；广告会展行业中的广告服务发展迅猛，广告人才的作用较为突出；广播电视电影行业资产占用最多，体现出资本拉动型的特征；文化休闲娱乐服务形式多样，新型业态不断涌现。文化艺术、艺术品生产与销售行业和设计服务行业还有较大提升空间。文化用品设备生产销售及其他辅助稳中有降，文化用品设备的销售占重要地位。

（二）各行业发展特点剖析

1. 文化艺术

2017 年 1 月至 11 月，海淀区文化艺术行业经营单位共计 68 家，实现收入 50.0 亿元，同比增长 8.6%；拥有资产 158.4 亿元，同比增长 6.0%；实现利润 0.5 亿元，同比下降 53.6%；上缴税金 0.9 亿元，同比增长 19.6%；

从业人员1.0万人，同比下降1.7%。

表3 2017年1月至11月海淀区文化艺术行业细分领域基础数据

细分领域	单位数（家）	收入（亿元）	从业人员（人）	劳动生产率（万元/年/人）
一、文化艺术服务	68	50.0	9842	50.8
1.文艺创作与表演服务	6	2.3	717	31.9
2.图书馆与档案馆服务	7	14.1	2689	52.6
3.文化遗产保护服务	4	1.4	188	72.6
4.群众文化服务	4	2.1	209	102.0
5.文化研究与社团服务	12	8.3	1280	64.5
6.文化艺术教育与培训服务	10	12.1	3076	39.2
7.其他文化艺术服务	25	9.7	1683	57.7

从经营单位规模来看（见表3），图书馆与档案馆服务和文化艺术教育与培训服务的规模较大，经营单位平均从业人员[①]在300~400人。从收入来看，图书馆与档案馆服务、文化艺术教育与培训服务经营收入较高，分别达到14.1亿元和12.1亿元，占文化艺术总收入的一半左右。但是劳动生产率较低，图书馆与档案馆服务具有一定的公益性质，仅为52.6万元/年/人；文化艺术教育与培训仅为39.2万元/年/人，需进一步深入研究。

2.新闻出版及发行服务

2017年1月至11月，海淀区新闻出版及发行服务行业经营单位共计109家，实现收入151.6亿元，同比增长10.8%；拥有资产416.7亿元，同比增长10.5%；实现利润17.9亿元，同比增长3.3%；上缴税金5.1亿元，同比下降19.4%；从业人员1.5万人，同比下降1.0%。

从经营单位规模来看，出版服务和发行服务的规模较大，经营单位平均从业人员在100~150人之间。从收入来看，出版服务收入较高，达到102.9亿元，占文化艺术总收入的三分之二。但是劳动生产率较低，仅为86.4万元/年/人；发行服务劳动生产率较高，为149.8万元/年/人。

---

① 每个经营单位平均从业人员＝从业人员/单位数。

表4　2017年1月至11月海淀区新闻出版及发行行业细分领域基础数据

细分领域	单位数（家）	收入（亿元）	从业人员（人）	劳动生产率（万元/年·人）
二、新闻出版及发行服务及发行服务	109	151.6	15173	99.9
1.新闻服务	1	0.4	39	103.9
2.出版服务	82	102.9	11911	86.4
3.发行服务	26	48.3	3223	149.8

3.广播电视电影

2017年1月至11月，海淀区文化广播电视电影经营单位共计94家，实现收入429.5亿元，同比增长3.5%；拥有资产1847.2亿元，同比增长7.0%；实现利润23.4亿元，同比上升35.0%；上缴税金14.2亿元，同比下降4.9%；从业人员2.5万人，同比上升0.3%。

表5　2017年1月至11月海淀区广播电视电影行业细分领域基础数据

细分领域	单位数（家）	收入（亿元）	从业人员（人）	劳动生产率（万元/年·人）
三、广播电视电影服务	94	429.5	24693	173.9
1.广播电视制播和交易服务	15	272.3	13474	202.1
2.广播电视传输服务	27	44.5	5837	76.3
3.电影和影视录音服务	52	112.7	5382	209.3

从经营单位规模来看，广播电视制播和交易服务规模较大，经营单位平均从业人员在近900人。从收入来看，广播电视制播和交易服务经营收入较高，达到272.3亿元，占广播电视制播和交易服务总收入的60%，同时，劳动生产率较高，为202.1万元/年/人；电影和影视录音服务尽管规模较小，经营单位平均从业人员为100人左右，但经济效益较好，实现收入112.7亿元，占总收入的30%，劳动生产率为209.3万元/年/人。

4.软件和信息技术服务

2017年1月至11月，海淀区软件和信息技术服务行业经营单位共计1652家，实现收入4149.0亿元，同比增长16.1%；拥有资产9334.3亿元，同比增长14.8%；实现利润459.6亿元，同比增长7.9%；上缴税金228.6亿元，同比增长26.0%；从业人员48.9万人，同比上升0.3%。

表6　2017年1月至11月海淀区软件和信息技术行业细分领域基础数据

细分领域	单位数（家）	收入（亿元）	从业人员（人）	劳动生产率（万元/年·人）
四、软件和信息技术服务	1652	4149.0	488701	84.9
1.软件服务	1116	1992.8	297663	66.9
2.增值电信服务	49	114.5	18347	62.4
3.互联网接入及信息服务	181	1336.5	109174	122.4
4.信息技术服务	306	705.2	63517	111.0

从经营单位规模来看，互联网接入及信息服务的规模较大，经营单位平均从业人员在600人左右。从收入来看，软件服务收入较高，达到1992.8亿元，占软件和信息技术服务总收入的一半左右。但是劳动生产率较低，仅为66.9万元/年/人；互联网接入及信息服务劳动生产率较高，为122.4万元/年/人，实现收入1336.5亿元，经营单位具有一定的内部规模经济性。

5.广告会展

2017年1月至11月，海淀区广告会展行业经营单位共计154家，经营单位数量仅次于软件和信息技术服务行业；实现收入624.2亿元，同比增长21.5%；拥有资产487.9亿元，同比增长28.8%；实现利润–1.7亿元，同比下降115.7%；上缴税金12.8亿元，同比增长9.7%；从业人员1.1万人，同比下降11.5%。

表7　2017年1月至11月海淀区广告会展行业细分领域基础数据

细分领域	单位数（家）	收入（亿元）	从业人员（人）	劳动生产率（万元/年/人）
五、广告和会展服务	154	624.2	11496	543.0
1.广告服务	116	601.5	9676	621.6
2.会展服务	38	22.8	1820	125.2

从经营单位规模来看，广告服务较会展服务规模大，经济效益好。广

告服务经营单位平均从业人员在 80 人左右，会展服务仅为 50 人左右。从收入来看，广告服务收入较高，达到 601.5 亿元，占广告会展总收入的 96%，且劳动生产率较高，达到 621.6 万元/年/人，但是利润为 -1.7 亿元，平均税率为 1.8%。

6. 艺术品生产与销售

2017 年 1 月至 11 月，海淀区新闻出版及发行服务行业经营单位共计 4 家，实现收入 17.7 亿元，同比下降 22.0%；拥有资产 16.5 亿元，同比增长 7.0%；实现利润 1.2 亿元，同比下降 16.2%；上缴税金 0.6 亿元，同比下降 7.6%；从业人员 634 人，同比下降 4.7%。

表 8　2017 年 1 月至 11 月海淀区艺术品生产与销售行业细分领域基础数据

细分领域	单位数（家）	收入（亿元）	从业人员（人）	劳动生产率（万元/年/人）
六、艺术品生产与销售服务	4	17.7	634	278.7
3. 工艺品销售服务	4	17.7	634	278.7
首饰、工艺品及收藏品批发	1	14.3	50	2862.8
珠宝首饰零售	2	2.3	536	42.9
工艺美术品及收藏品零售	1	1.1	48	219.7

注：由于"1、工艺美术品及其他艺术品制造"和"2、艺术品拍卖服务"两项海淀区没有经营单位，因此表中省去。

从经营单位规模来看，海淀区仅有工艺品销售服务细分领域，共 4 家单位。其中，珠宝首饰零售单位的规模较大，经营单位平均从业人员在 270 人左右。从收入来看，首饰、工艺品及收藏品批发收入较高，达到 14.3 亿元，占工艺品销售服务总收入的八成，且劳动生产率居各细分领域之首，为 2862.8 万元/年/人；珠宝首饰零售单位劳动生产率仅为 42.9%。

7. 设计服务

2017 年 1 月至 11 月，海淀区设计服务行业经营单位共计 124 家，实现收入 78.2 亿元，同比增长 18.8%；拥有资产 322.1 亿元，同比增长 14.7%；实现利润 2.3 亿元，同比上升 12.3%；上缴税金 3.4 亿元，同比增长 5.5%；从业人员 2.3 万人，同比上升 0.9%。

表9 2017年1月至11月海淀区设计服务行业细分领域基础数据

细分领域	单位数（家）	收入（亿元）	从业人员（人）	劳动生产率（万元/年/人）
七、设计服务	124	78.2	22916	34.1
1.建筑设计服务	68	24.9	15428	16.1
2.城市规划	9	15.1	2049	73.9
3.专业设计服务	47	38.2	5439	70.2

从经营单位规模来看，各细分领域差别不大，建筑设计服务和城市规划领域经营单位平均从业人员都在230人左右。从收入来看，专业设计服务收入较高，达到38.2亿元，占设计服务总收入的一半左右。设计服务行业整体劳动生产率较低，仅为34.1万元/年/人；特别是建筑设计服务行业，仅为16.1万元/年/人。

8.文化休闲娱乐

2017年1月至11月，海淀区文化休闲娱乐行业经营单位共计86家，实现收入104.0亿元，同比增长5.1%；拥有资产158.4亿元，同比增长6.0%；实现利润0.5亿元，同比下降53.6%；上缴税金2.5亿元，同比增长31.0%；从业人员1.3万人，同比下降1.0%。2017年旅游经济发展较快，出现一系列新兴的旅游项目，如研学游、大西山旅游项目等。

表10 2017年1月至11月海淀区文化休闲娱乐行业细分领域基础数据

细分领域	单位数（家）	收入（亿元）	从业人员（人）	劳动生产率（万元/年/人）
八、文化休闲娱乐服务	86	104.0	12963	80.2
1.旅游服务	74	100.6	11014	91.4
2.休闲娱乐服务	11	3.1	1877	16.4
3.摄影扩印服务	1	0.3	72	34.8

从经营单位规模来看，旅游服务和休闲娱乐服务的规模较大，经营单位平均从业人员在150~170人之间。从收入来看，旅游服务收入较高，达到100.6亿元，占文化休闲娱乐服务总收入的97%，且劳动生产率相对较

高，为 91.4 万元 / 年 / 人。

近年新的旅游业态、现象不断出现，先后出现研学游、大西山旅游项目、"十一"黄金周等。北京市海淀区高校云集，是研学游的主要地点之一。游客主要来自山东、四川等地，以清华、北大等知名高校和中科院等知名研究机构为目的地，进行 4~6 天的短期旅行为主。旅行社不仅针对全国中小学校、中小学生的科普及科技教育展开国内研学游，而且开展境外研学游，目的地主要有美国、英国、法意瑞、日本、新加坡等。

大西山旅游项目包括北京凤凰岭自然风景公园、狂飙乐园（北京汇通诺尔狂飚运动休闲有限公司）、北京鹫峰国家森林公园、北京西山大觉寺管理处 4 个监测点，年接待能力在 90 万人左右，年接待免费游客 15 万人左右，实现收入 651.6 万元，其中，门票收入是主要的收入来源。每年春季 4 月和秋季 10 月是旅游旺季，冬季 1 月和夏季 7 月是旅游淡季，淡旺季游客数量相差 4 倍左右。近六成游客选择周末出游，一半左右游客选择经济型酒店或客栈住宿。

住宿业和旅游景点应有效衔接，彼此互相促进。稻香湖旅游度假区在稻香湖景酒店的基础上，积极拓展旅游景点，先后开发了田妈妈魔法森林、上庄蘑菇园，为提升旅游服务品牌积极探索。2014~2016 年"十一"黄金周的监测数据显示，"十一"期间接待人数占比较高，达到全年总接待人数的 10% 左右，但收入不超过 3%，说明"十一"黄金周接待人数较高，但收入并未与之呈线性增长，配套的相关旅游项目和休闲娱乐产品还需进一步开发。

9. 文化用品设备生产销售及其他辅助

2017 年 1 月至 11 月，海淀区文化用品设备生产销售及其他辅助行业经营单位共计 142 家，实现收入 226.8 亿元，同比下降 4.3%；拥有资产 216.5 亿元，同比增长 4.6%；实现利润 4.8 亿元，同比下降 20.1%；上缴税金 4.6 亿元，同比下降 15.4%；从业人员 1.9 万人，同比上升 0.3%。

从经营单位规模来看，文化设备生产的规模较大，经营单位平均从业人员在 300 人左右，劳动生产率仅为 86.5 万元 / 年 / 人。从收入来看，文化用品设备销售的收入较高，达到 140.4 亿元，占文化艺术总收入的六成，且劳动生产率较高，达到 553.1 万元 / 年 / 人。

表 11 2017 年 1 月至 11 月海淀区文化用品设备生产销售
及其他辅助行业细分领域基础数据

细分领域	单位数（家）	收入（亿元）	从业人员（人）	劳动生产率（万元/年/人）
九、文化用品设备生产销售及其他辅助	142	226.8	19480	116.4
1.文化用品的生产	6	0.7	846	8.3
2.文化设备的生产	14	37.2	4298	86.5
3.文化用品设备的销售	46	140.4	2538	553.1
4.印刷复制服务	8	3.4	933	36.1
5.文化商务服务	68	45.2	10865	41.6

三、文化创意产业的创新能力

2016 年，园区企业研发总投入 218.4 亿元，较 2015 年增长 16.4%。新增知识产权 4827 项，较 2015 年增加 3480 项；其中，新申请专利 4400 项，较 2015 年增加 3428 项，新增版权 427 项，较 2015 年增加 52 项。园区中硕士及以上学历的从业人员占比达到 20.2%，与专家或科研机构合作的企业比例为 14.8%。

（一）研发投入

2016 年，各园区投入研发的经费有所增长。中关村软件园研发投入达到 205 亿元，同比增长 17.1%，占园区总研发投入的 93.9%。创意设计服务功能区研发投入达到 6.1 亿元，同比增长 13.0%，占园区总研发投入的 2.8%。清华科技园研发投入达到 6.4 亿元，同比增长 6.7%，占园区总研发投入的 2.9%。西山文化创意大道研发投入达到 0.2 亿元，同比下降 33.3%，占园区总研发投入的 0.1%。影视产业功能区研发投入达到 0.7 亿元，同比下降 30.0%，占园区总研发投入的 0.3%。

（二）新增知识产权

1. 新增专利情况

2016年，园区新增专利情况有所好转，特别是中关村软件园，发展情况尤为突出。中关村软件园新增专利达到4332项，较去年增量增加3589项，占园区总新增专利的98.5%。创意设计服务功能区新增专利达到26项，较去年增量增加5项，占园区总新增专利的0.6%。清华科技园新增专利达到35项，较去年增量减少149项，占园区总新增专利的0.8%。西山文化创意大道新增专利为0项，较去年增量减少12项。影视产业功能区新增专利达到7项，较去年增量减少5项，占园区总新增专利的0.1%。可以看出，绝大多数园区新增专利波动较大，没有明显的规律可循。

2. 新增版权情况

2016年，各园区新增版权情况有所好转，共增加版权239项。中关村软件园新增版权达到329项，较去年增量增加200项，占园区总新增版权的77.0%。创意设计服务功能区新增版权达到33项，较去年增量减少178项，占园区总新增版权的7.7%。清华科技园新增版权达到31项，较去年增量增加5项，占园区总新增版权的7.3%。西山文化创意大道新增版权为0项，较去年增量减少4项。影视产业功能区新增版权达到34项，较去年增量增加29项，占园区总新增版权的8.0%。可以看出，绝大多数园区新增版权波动较大，没有明显的规律可循。

综上所述，园区新增知识产权发展与园区企业规模、企业是否处于新型业态具有一定的相关性。园区企业规模越大，企业业务越接近于新型业态，新增知识产权能力越强，而研发投入效益的显现需要一定时间跨度。同时，各园区新增知识产权情况变化较大，说明知识产权申报、管理、交易等环节有待梳理，知识产权保护机制还需要进一步完善。

（三）人才质量

1. 硕士以上人才情况

2016年，园区总体上硕士以上从业人员占比达到两成。中关村软件园硕士以上从业人员占园区从业人员的19.6%，占园区总硕士以上从业人员的

75.3%。创意设计服务功能区硕士以上从业人员占园区从业人员的7.8%，占园区总硕士以上从业人员的3.0%。清华科技园硕士以上从业人员占园区从业人员的15.6%，占园区总硕士以上从业人员的5.9%。西山文化创意大道硕士以上从业人员占园区从业人员的4.5%，占园区总硕士以上从业人员的0.2%。影视产业功能区硕士以上从业人员占园区从业人员的50.9%，占园区总硕士以上从业人员的15.6%。

2. 与专家或科研机构合作情况

2016年，园区企业与专家或科研机构合作的比例有所增加。中关村海淀园拥有高端人才93人，其中，享受国务院特殊津贴15人、千人计划21人、海聚工程23人、高聚工程18人、"科技北京"领军人才7人、院士5人。高端人才主要分布在中核能源科技有限公司、北京计算科学研究中心等大中型企业。创意设计服务功能区与专家或科研机构有合作的企业占比为10.6%，占园区与专家或科研机构合作总数的32.4%。清华科技园与专家或科研机构有合作的企业占比为12.9%，占园区与专家或科研机构合作总数的16.2%。西山文化创意大道与专家或科研机构有合作的企业占比为7.3%，占园区与专家或科研机构合作总数的4.4%。影视产业功能区与专家或科研机构有合作的企业占比为25.4%，占园区与专家或科研机构合作总数的47.1%。

综上所述，园区内规模以上企业硕士及以上从业人员比例越高，与专家或科研机构合作的机会越多，企业平均收入越高；反之，亦然。

四、文化创意产业园区发展情况

为了进一步摸清海淀区文化创意产业发展情况，根据北京市相关文件确定的7个文化创意产业园区[①]和2个集聚较快的文化创意产业园[②]，我们对

---

① 7个园区包括清华科技园（局部）（包括搜狐网络大厦、创新大厦、学研大厦、启迪大厦四座建筑物中的文化创意企业）、甘家口创意设计服务功能区、北太平庄影视产业功能区、西山文化创意大道功能区、中关村创意产业先导基地（以下简称"中关村创业大街"）、中关村软件园、中关村海淀园文化科技融合示范功能区（以下简称"海淀园"）。

② 2个集聚较快的园区为北京国际文化创意传播基地（以下简称"北外科技园"）和中关村智造大街。

9个园的发展情况进行调研，调查结果如下：

（一）文化创意产业园区发展基本情况

2016年园区企业收入持续增长，上缴税金增长较快，营业利润增减差异较大，园区优惠政策需进一步落实。

表12 2016年海淀区各园区企业基础发展数据

项目	合计	清华科技园	甘家口创意设计服务功能区	北太平庄影视产业功能区	西山文化创意大道功能区	中关村软件园	中关村创业大街	中关村智造大街	北外科技园
企业数（家）	1964	130	832	302	122	532	—	—	46
从业人员（万人）	11.4	1.0	2.6	1.2	0.2	6.4	—	—	0.03
收入（亿元）	2236.1	101.7	217.4	71.2	11.2	1819.4	—	—	15.2
税金（亿元）	96.2	7.1	13.1	3.3	0.1	71.5*	—	—	1.1*
营业利润（亿元）	200.9	20.2	3.2	-3.2	1.6	177.3	—	—	1.8*
资产（亿元）	3945.0	406.6	441.1	101.8	10.5	2955*	—	—	30.0

注：*为估算数据。

"6+2"个园区[①]企业总收入呈上升趋势，同比增长14.4%。其中，清华科技园、甘家口创意设计服务功能区、北太平庄影视产业功能区、西山文化创意大道功能区4个园区总收入达到401.5亿元，较2015年增长18.9%。税金方面，4个园区总税金达到23.6亿元，增长21.0%。营业利润方面，4个园区总营业利润仅为21.8亿元，同比下降45.5%；中关村软件园实现营业利润177.3亿元，同比增长18.9%。在营业收入上升、税金增长的背景下，企业营业利润有升有降，说明产业园区的优惠政策还未全面落实到位，需要进一步跟踪调查。

（二）园区实现总收入2236.1亿元

调查显示，2016年受访园区总收入达到2236.1亿元，比2015年增长了

---

① 由于海淀园范围广，基本涵盖其他园区，不作为单独研究的园区，因此由原来的"7+2"变更为"6+2"。

14.4%。其中，中关村软件园收入1819.4亿元，较2015年增长13.5%；清华科技园收入101.7亿元，较2015年增长79.4%，[①] 增长率较高，其原因在于新增个别规模较大的企业；甘家口创意设计服务功能区收入217.4亿元，较2015年增长15.4%；北太平庄影视产业功能区收入71.2亿元，较2015年下降17.5%；西山文化创意大道功能区收入11.2亿元，较2015年增长84.4%，增长率较高，其原因在于个别规模以上企业收入增长较快，经济效益较好；北外科技园收入15.2亿元，较2015年增长10.9%（如图3）。

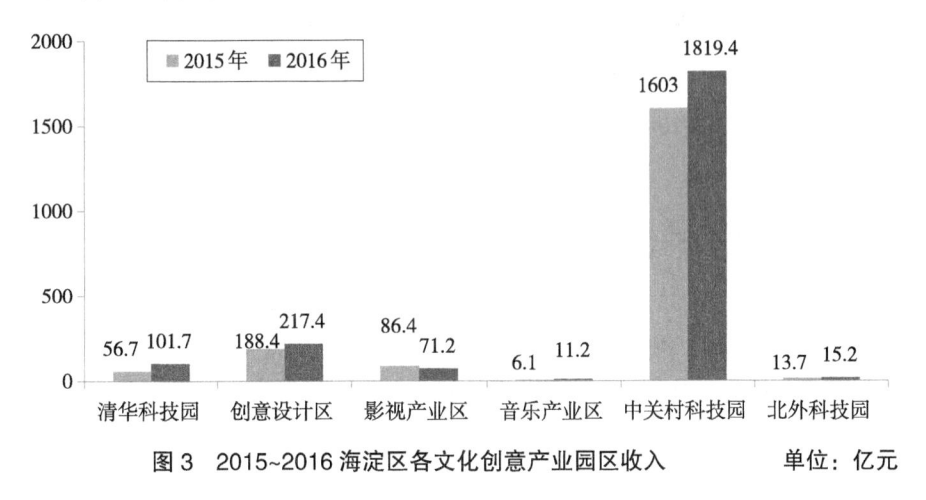

图3 2015~2016海淀区各文化创意产业园区收入　　　　单位：亿元

（三）园区实现总营业利润200.9亿元

调查显示，2016年受访园区总营业利润达到200.9亿元，比2015年增长了7.0%。其中，中关村软件园营业利润177.3亿元，较2015年增长18.9%；清华科技园营业利润20.2亿元，较2015年下降33.9%，[②] 下滑较为明显，主要原因在于规模以上企业变动所致；甘家口创意设计服务功能区营业利润3.2亿元，较2015年下降54.8%；北太平庄影视产业功能区营业利润-3.2亿元，较2015年下降239.3%；西山文化创意大道功能区营业利润1.6亿元，较2015年增长681.4%（如图4）。

---

① 其中，对2015~2016年未变动企业名单进行比对，收入增长率为14.0%。
② 其中，对2015~2016年未变动企业名单进行比对，利润增长率为6.9%。

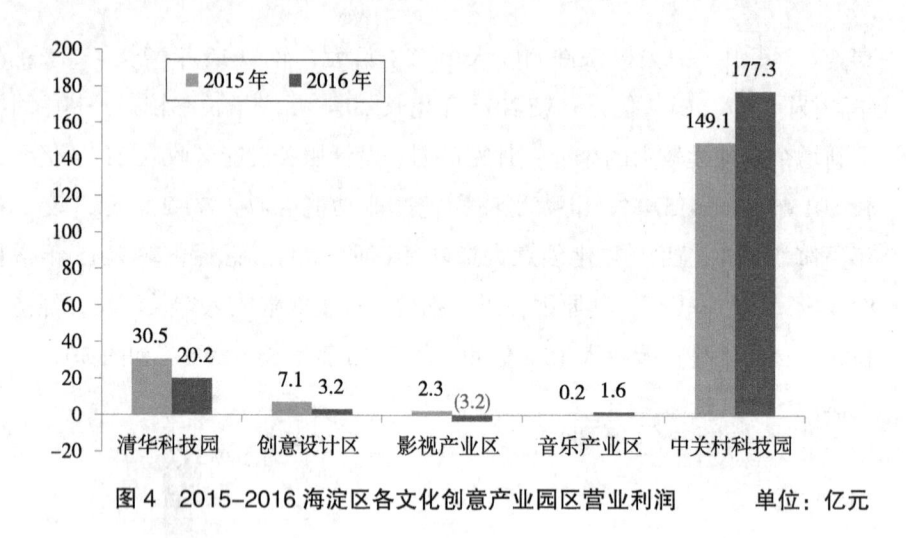

图 4　2015—2016 海淀区各文化创意产业园区营业利润　　　单位：亿元

五、总结与建议

2017年海淀区文化创意产业发展势头良好，根据2017年1月至11月及全年数据推算，2017年全年预计实现收入7300亿元左右，劳动生产率突破100万元/人/年。各行业发展特色鲜明，各有侧重。软件和信息技术服务仍占主导地位，并进一步加强；广告会展行业异军突起，发展较快；文化休闲娱乐行业形式多样，丰富多彩。各园区功能定位较为准确，集聚功能逐渐突显，创新能力进一步加强，收入、利润、税金等指标逐年提升。同时，文化创意产业存在行业发展不均衡，个别行业发展缓慢，园区建设亟待政策扶持等问题。因此，提出以下建议：

（1）进一步加强文化与科技的融合，提升文化创意产业价值立足海淀区软件、网络和计算机行业的发展优势，积极拓展传统文化与高科技的融合，大力发展共享经济，进一步推进"互联网+"的战略部署，加大税收政策优惠力度。2017年海淀区文化创意产业平均税收增长0.3个百分点，税收政策还有一定的优惠空间。

（2）持续关注重点行业、新兴领域的发展，积极引导各行业均衡发展。新闻出版及发行服务、软件和信息技术服务行业处于较好的市场氛围，产品市场认可度高，获利能力强。特别是互联网接入及信息服务细分领域，收入增长快，劳动生产率高，符合海淀区"减人填秤"的总体战略部署。广告会展行业中广告业发展态势良好，应进一步予以扶持，加快发展速度，避免因利润过低导致的市场问题。广播电视电影行业对资金需求大，建议逐步完善投资渠道，积极利用互联网技术降低影视投资风险。文化艺术、设计服务和文化休闲娱乐行业利税率较低，获利能力有限，建议逐步改善市场环境，加强知识产权保护，提升行业价值；同时，进一步加强惠民政策的落实，为丰富海淀乃至全市居民文化生活提供便利。艺术品生产与销售行业建议加大招商力度，吸引有实力的经营单位落户海淀。

（3）继续加强高精尖科技的支持力度，加大高技术智造研发的政府采购力度，扶持科技型企业度过初创期。以中关村智造大街为例，智造企业普遍面临销售模式问题。因此提出以下三个建议：一是进一步明确发展方向，建议将智能制造定位在教育、医疗和行政办公的智能设备研发方向，构建全国知名的智能设备采购平台；二是加大政府采购支持力度，逐步建立政府智能设备采购与园区采购中心的对接，为政府提供更多的智能设备选择，提高办公效率，扶持初创科技型企业成长；三是加大展示中心建设力度，逐步建立大型智造企业专业展示厅，形成国内外知名的尖端科技研发成果展示基地。

专题研究篇

海淀区文化创意产业经济的高质量发展以文化消费为基础，以产业园区为动力，以产业内各行业的发展特点和发展规律为支撑，以新业态、新亮点为指引，以党建为保障。

由于海淀区文化创意产业中含有大量非公有制企业，企业内的党组织建设是提高党执政能力的重要基础，是企业经济成果健康发展的保证。因此，海淀区文化创意产业经济发展研究不仅仅局限于经济指标的研究，更重要的是文化创意产业发展潜力、发展动力、发展机制的研究，更多涉及文化消费特征变化，产业园区发展情况，各行业发展机制，新型业态的基本规律研究等。

针对每年文化创意产业的发展实际情况，有关部门关注的焦点不同，因此除年度报告外，还涉及产业园区、文化消费、行业发展、新业态、党建等专题研究内容，可以更加全面的展现海淀区文化创意产业经济高质量发展的内涵建设思路，为学者、管理者、决策者提供更多的参考资料。

Ⅵ

海淀区文化消费水平调研报告

海淀区文化消费水平对海淀区文化创意产业发展发挥了极大的促进作用。目前，相关产业政策对文化产品的生产和供给关注度比较高，对文化消费领域的研究和引导缺乏关注。为进一步提出促进全面发展海淀区文化创意产业的政策与建议，北京市海淀区文化促进发展中心联合北京市海淀区统计学会对海淀区文化消费发展状况进行了专题调研。调研从文化消费理论研究入手，分析了文化消费的主要影响因素，在对海淀区居民文化消费实证调查的基础上，总结了海淀区文化消费现状和居民文化消费特征，对促进海淀区文化消费良性发展提出了政策建议。

一、文化消费相关理论在研究海淀区文化消费中的应用

（一）文化消费的研究方法

文化消费的研究方法是在综合应用经济学、社会学和文艺学理论基础上的多角度研究方法。经济学方法侧重于数学模型的基础上描述或预测文化消费行为，总结文化消费规律。社会学方法侧重于对文化消费的内涵、理论及社会功能等方面进行定义和分析。文艺学方法主要从文化的视角对现实消费中的文化机理进行剖析和解读。研究海淀区文化创意产业发展建议以经济学方法为主导，在兼顾社会学和文艺学方法的基础上，对海淀区的文化消费功能、特征、影响因素和趋势等方面进行实证研究，有利于海

淀区文化产业政策的制定与实施，有利于引领文化消费意愿和消费行为、拓展文化消费市场，有利于丰富居民精神文化生活。

（二）文化消费的相关概念

文化消费相关概念为海淀区文化消费研究的界定奠定基础。文化消费是指以满足居民精神需求为目的，消费文化产品或服务的各种活动的总称。文化产品主要概况为以下三种：一是无形的文化产品，这些产品在文化消费中没有具体的实物形态，而是居民经常性的消费产品，如：电视剧节目、电影、电子游戏软件等；二是文化消费工具，它是文化消费过程中的中转站，是大多数无形产品的传播介质，一般属于私人消费产品，在文化消费中起到不可替代的作用，如：手机、电视、报刊杂志、运动器械等；三是文化消费的设施，是文化消费的主要地点，为营造文化氛围起到重要作用，属于公共消费产品，如图书馆、学校、健身房、电影院、游乐园、旅游景区等。文化消费的服务是以文化产品推广为依托，消费质量主要取决于文化创意产业从业人员素质、管理水平等方面。研究海淀区文化创意产业发展要准确把握文化消费概念，明确研究对象、研究内容和研究范围。

（三）文化消费的基本特征

文化消费总体上呈现两大基本特征：一是强弹性，即属于高层次的消费，不具有紧迫性。在生存需求不能得到满足时，首先压缩文化消费。在物质生活得到比较充分的满足时，居民消费将逐渐转移到满足精神需求的文化消费方面。随着我国现代化进程的推进，文化消费需求将被极大的释放，知识经济条件下，文化消费被赋予新的内涵，呈现出主流化、高科技化、大众化、全球化的特征。二是边际效用递增性。消费者在消费文化产品时其文化资本逐渐累积增长，欣赏品位逐步提高。通过影响消费者欣赏品位和消费能力，进而改变消费者的效用消费偏好，增加其边际消费效用。研究海淀区文化创意产业发展要在了解文化消费总体特征的前提下，深入研究海淀区文化消费的基本特征。

（四）反映文化消费水平的指标体系

严格筛选的文化消费评价指标，充分利用已有指标构建符合海淀区文化消费情况的指标体系，科学评价海淀区文化消费规模、发展阶段和消费特点等情况。

1. 恩格尔系数的推广应用

恩格尔定理主要内容有两条：一是随着居民家庭收入的增长，家庭用于食品的支出占家庭支出的比重会下降；二是随着居民家庭收入的增长，家庭用来满足文化需要的支出占家庭支出的比重会越来越大。学者林丕（2009）建议，应当把居民的食品开支占家庭开支的比重称为"恩格尔系数Ⅰ"，把居民的文化、教育、娱乐开支占家庭开支的比重称为"恩格尔系数Ⅱ"。并将两个指标都列入社会经济发展的评价指标体系之中。恩格尔系数Ⅱ的提出有利于衡量区域文化消费状况。

2. 建构消费层级描述文化消费的发展阶段

处于不同消费层级的居民，在物质消费和文化消费方面差异很大。根据满足居民生活消费的层次，消费可分为生存型消费、发展型消费和享受型消费。生存型消费是补偿劳动者必要劳动消耗所必需的消费；发展型消费是扩大再生产所必需的消费；享受型消费是提高劳动者生活水平、满足人们享乐需要的消费。狭义的享受型消费是指休闲、娱乐、旅游以及文化消费。实际上，休闲娱乐等所使用的耐用消费品也被认为是享受型消费的范畴。如购买电视机、手机、唱卡拉 OK 等都属于享受型消费。学者王楠（2006）对世界 17 个主要国家和地区居民消费结构有关数据分析，人均 GDP 在 1000 美元以下阶段，居民处于生存型消费（其消费主要包括食品和衣着类）；人均 GDP1000 美元 ~3000 美元阶段，生存型消费的比重逐步下降，发展型和享受型（包括居住类、交通通讯类、文教、娱乐用品、医疗保健类、旅游）消费比重不断上升。

3. 影响文化消费的主要因素

为进一步研究海淀区文化消费水平发展状况，根据对文化消费理论的研究，影响文化消费的主要因素归纳为人均 GDP 水平、居民闲暇时间和受教育水平等方面。

（1）人均 GDP 水平。

根据国际经验，通常以人均 GDP 水平研究文化消费需求。前面谈到消费层级划分人均 GDP 超过 1000 美元时，消费结构将向发展型、享受型升级；当人均 GDP 达到 3000 美元时，文化消费转入高速增长时期；当人均 GDP 达到 5000 美元时，文化产业和文化消费就会出现井喷式发展。这个经验反映了居民生活水平提高后消费发展的一般规律。目前，海淀区人均 GDP 已达 17000 美元，海淀区居民文化消费应进入一个崭新的快速的发展阶段。

（2）受教育水平。

居民的受教育水平是居民文化修养的重要因素，会对消费意愿产生巨大影响。文化素质与修养是文化消费的基本能力，影响着文化消费的规模，并且文化素质的不同层次也决定了文化消费的结构。一般情况下，文化素质的高低与文化产品的需求量呈正相关的关系，文化水平越高，对文化消费的欲望越强，并且对文化消费的层次要求越高，除了享受普通的大众文化之外，文化水平高的消费者更多偏向于消费高雅艺术。教育不仅能提高劳动者的劳动素质，而且能提高消费者文化修养与文化消费能力。海淀区是受教育水平比较高的地区，表明海淀区文化消费基础较好。

（3）闲暇时间。

由于文化消费具有强弹性，不具有紧迫性，因此在面对时间约束时，消费者会大幅降低消费意愿。学者卿前龙（2009）以休闲消费为例，研究在闲暇时间约束下的休闲消费及其增长，认为闲暇时间的存在是休闲的前提，当经济发达、人们收入水平普遍提高后，文化休闲消费的约束就更多地表现为时间约束。关注居民闲暇时间对激发海淀区文化消费潜力至关重要。

除此之外，物价指数、人口及城市化水平、其他消费支出对文化消费也具有一定影响。

表1 文化消费评价指标体系

一级指标	二级指标
文化消费总体水平	消费规模
	消费结构
文化消费发展阶段	生存型消费
	发展型消费
	享受型消费
文化消费主要影响因素	人均GDP
	受教育程度
	闲暇时间

二、海淀区文化消费的环境分析

表2 北京市及部分区县规模以上文化创意产业主要指标完成情况

指标 数据 区县	收入合计（万元）		利润总额（万元）		应缴税金（万元）		从业人员平均人数（万人）	
	2012年	2011年	2012年	2011年	2012年	2011年	2012年	2011年
全市（合计）	9285.8	8108.6	721.8	666.2	456.6	406.4	104.3	95.5
海淀区占比（%）	42.2	41.2	58.2	51.5	53	50	46.7	45.6
朝阳区占比（%）	22.8	24.1	10	14.4	18.1	18.7	21.2	20.4
东城区占比（%）	14.3	12.9	9.3	10.6	9.2	12	8.2	8.5
西城区占比（%）	8.2	8.3	10.2	10.3	7.5	6.6	8.5	9.1
石景山占比（%）	2.5	2.5	4.8	4.4	2.9	2.6	2.5	2.4
丰台区占比（%）	3.1	3.2	3.2	2.9	3.6	3.1	3.4

注：规模以上文化创意产业统计范围是指年主营业务收入500万元及以上的文化创意产业法人单位。
数据来源：北京统计年鉴2013。

近几年，海淀区总体经济运行良好，为海淀区文化消费环境创造了良好氛围。数据显示，2012年海淀区文化创意产业收入占全市的42.2%，全年实现利润和上缴的税金占全市的半数以上。

（一）区域经济增长态势良好为文化消费奠定基础

海淀区经济总量始终保持快速增长势头。截至 2013 年底，海淀区生产总值实现 3835.2 亿元，①比上年增长 9.1%，常住人口 357.8 万，人均 GDP 突破 1.7 万美元。社会消费品零售总额实现 1614.0 亿元，同比增长 7.3%；城镇居民人均可支配收入 45953 元，同比增长 9.8%，农村居民纯收入 24673 元，同比增长 10.3%；城镇居民人均消费性支出 29430 元，占人均可支配收入的 64%；农村居民人均生活消费支出 19307 元，②占人均纯收入的 78%。区域文化消费能力的高低与经济发展密切相关，海淀区经济的快速增长必将推动海淀区整体文化消费规模。

（二）文化创意产业快速发展营造良好文化消费氛围

海淀区文化创意产业的蓬勃发展为居民文化消费提供有力保障。截至 2013 年底，海淀区文化创意产业规模以上实现收入 4222.1 亿元，同比增长 7.8%；吸纳从业人员 51.7 万人，同比增长 15.6%，利润总额为 486.1 亿元，同比增长 15.6%，税金合计为 238.6 元，同比降低 1.4 个百分点。海淀区文化创意产业规模进一步扩大，产业结构优化升级。软件、网络及计算机服务业以 66.5% 的收入份额位居文化创意九大行业收入之首，体现出海淀区的信息科技底蕴。同时，海淀区拥有以高校为核心的教育科研集群和丰富的博物馆资源，拥有"三山五园"等历史文化景区和大型艺术品交易市场，为海淀区文化消费营造良好氛围。

（三）居民消费能力稳中有升带动消费结构优化升级

2013 年，海淀区社会消费品零售总额 1614.2 亿元，同比增长 7.3%；城镇居民人均可支配收入 45952.7 元，位列北京市首位，高出第二位的西城区 5.7 个百分点，人均消费支出为 29429.5 元，从 2012 年的第三位跃居第二位，与西城区人均消费支出差距缩小 0.7 个百分点。值得注意的是，其中食

---

① 数据来源：北京市统计信息网 2013 年度数据。
② 数据来源：海淀区统计信息网 2013 年度数据。

品支出仅为消费支出的29.0%。

从居民消费能力发展趋势来看（如表3），2009~2013年海淀区城镇居民人均可支配收入稳步增长，年平均增长率达到10.6%；人均消费支出从2009年的18218元增长到2013年的29429元，增长了1.6倍，年平均增长率达到12.7%。食品在消费支出中所占的比例逐年降低，5年间下降3.7个百分点，消费结构进一步优化。

表3 2009~2013年北京市海淀区居民消费统计数据表

年份（年）	城镇居民人均可支配收入（元）	人均消费支出（元）	食品消费支出（元）	食品消费比例（%）
2009	30677	18218	5964	32.7%
2010	33351	21597	6462	29.9%
2011	37746	24000	7016	29.2%
2012	41841	26570	7774	29.3%
2013	45952	29429	8534	29.0%

可见，2009~2013年期间居民消费能力呈现逐年递增态势，在此期间居民文化消费规模也随之增长。

三、海淀区居民文化消费现状

为进一步摸清海淀区文化消费现状，海淀区统计学会组织了海淀区文化消费现状的问卷调查，调查范围在海淀区辖29个街、镇开展，共采访了1000位海淀区居民，调查数据基本反映了海淀区文化消费现状。

（一）影响海淀区居民消费的主要因素

影响海淀区居民消费的因素主要集中在收入水平、受教育程度和闲暇时间。调查结果如下：

1. 居民收入情况

调查反映（如图1），海淀区居民人均可支配收入为：23.6%的居民在1万-3万之间；25.2%的居民在3万-5万之间；18.2%的居民在5万-8万之间；10%的居民在8万-15万之间。

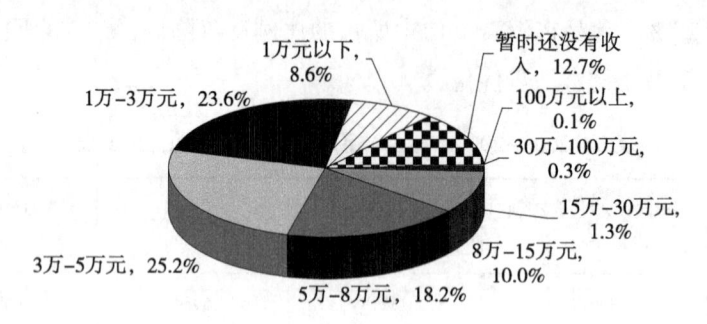

图1 海淀区居民收入结构

2. 居民受教育水平状况

调查反映，海淀区居民学历在大专、本科和研究生的受访人员居多，分别占受访总数的21.3%，31.5%和19.5%；其次为高中和初中程度，分别占受访总数的11%和7.8%；博士及以上的受访者占2.8%；小学及以下的受访者占0.9%。具体调查数据如图2所示：

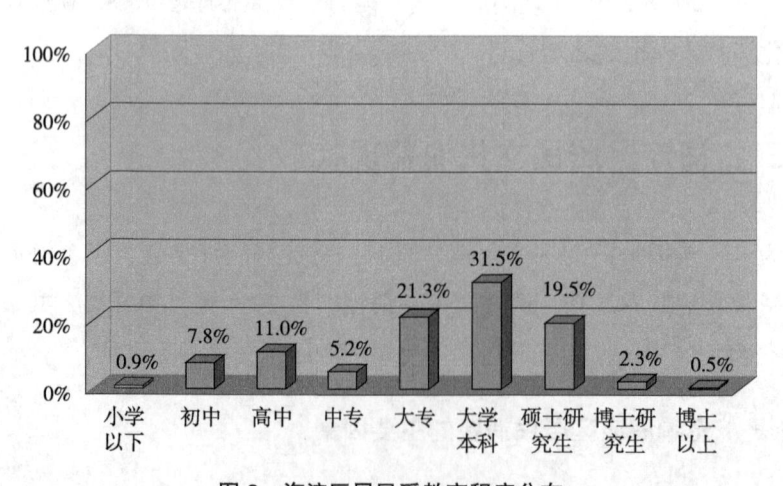

图2 海淀区居民受教育程度分布

受教育水平在某种程度上决定了消费者的消费习惯和消费能力。随着受教育水平的提高，居民对文化消费的投入有明显差距。调查显示，小学以下文化程度文化消费占消费总额的平均值为6.6%，初中为8.9%，中专为11.6%，高中为12.3%，大专为15.3%，本科为17.1%，硕士为17.3%，呈逐渐上升的趋势；从博士研究生教育水平开始又有所下降，博士研究生为14.3，博士以上为16。总体上看，海淀区受教育水平较高，居民对文化消费的投入比例相对较高。

3. 居民闲暇时间状况

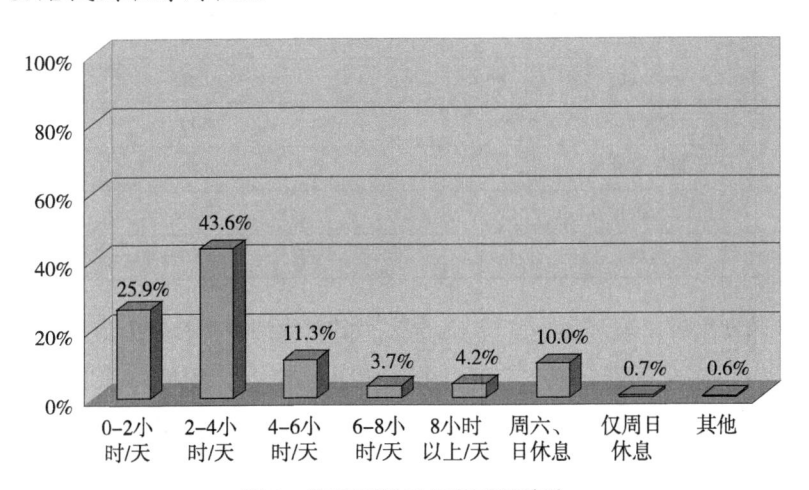

图3 海淀区居民闲暇时间统计

调查显示（如图3），43.6%的海淀区居民每天的闲暇时间在2-4小时，25.9%的海淀区居民每天闲暇时间在0-2小时，11.3%的海淀区居民每天闲暇时间在4-6小时，占受访居民的65.2%，21.1%的居民在2小时以下，居民平均每天闲暇时间为3.1小时。

（二）文化消费产品及服务情况

调查显示（如表4），海淀区居民文化消费产品主要有手机、计算机和电视等，手机成为继电视之后的新型文化消费工具，是文化消费的主流设备。

从书籍报刊的消费来看，购买书籍报刊的居民仍占57.5%，城镇与农村[①]居民有一定差距，分别为60.4%和47%，44.5%的受访者利用报刊杂志

---

① 根据调查问卷数据，城镇与农村居民购买书籍报刊数量按居住地统计后计算所得。

获取文化消费信息，说明传统媒体对居民文化生活仍具有一定的影响力。

表4 海淀区居民文化消费产品调查统计表

主要文化产品	个人消费过文化产品的百分比
计算机	81.5%
手机	95.4%
网络带宽	72.3%
电视	75%
运动器械	19.8%
收音机	27.4%
影像器材	28.8%
书籍报刊	57.5%
乐器	11.9%

从消费内容来看（如表5），海淀区居民文化消费内容主要集中在"在家看电影、电视剧、听音乐""上网娱乐""读书、杂志、报纸"；其次为"外出旅游""运动健身、观看运动项目、美容美发"和"在影院看电影"等。每年观看过至少一次电影或文艺演出的受访者达到82.8%，每年外出至少一次的旅游人数占受访者总数的83.2%，居民文化生活呈现多元化发展态势。

表5 海淀区居民文化消费内容调查统计表

文化主要消费内容	综合得分
在家看电影、电视剧、听音乐	8.1
上网娱乐	8.03
读书、杂志、报纸	6.59
外出旅游	5.14
运动健身/观看运动项目/美容美发	5.06
在影院看电影	4.64
教育培训	3.26
欣赏演出	3.07
参观展览	2.03
摄影	1.61
艺术品收藏	0.65

（三）居民文化消费能力状况

1. 以恩格尔系数模式评价海淀区文化消费能力

恩格尔系数是国际上通用的衡量居民生活水平高低的一项重要指标，一般随居民家庭收入和生活水平的提高而下降。联合国根据恩格尔系数将世界各国的生活水平划分为六个层级，即恩格尔系数大于60%为贫穷；50%~60%为温饱；40%~50%为小康；30%~40%为相对富裕；20%~30%为富足；20%以下为极其富裕。目前仅有美国在20%以下，欧洲、日本、加拿大，一般在20%~30%之间，是富足状态。恩格尔系数通常是以国家为单位衡量的指标。为搞清海淀区区域的恩格尔系数情况，我们对受调查者的收入分配结构进行了调查，具体情况如表6所示：

表6 海淀区居民收入分配调查统计表

海淀区居民收入分配项目	占比
储蓄占总收入	21.9%
投资占总收入	11.4%
食品占总消费	29.8%
生活必需品占总消费（除食品）	22.7%
文化消费占总消费	14.2%

调查显示，海淀区居民食品占总消费的29.8%，可视为海淀区地区恩格尔系数为29.8，处于国际标准20%~30%之间，表明海淀区居民生活水平已经基本达到富足水平，居民物质生活有保障的基础上，海淀区居民文化消费占总消费的14.2%，这一指标如果能形成动态指标将对观测文化消费发展具有重要意义。

2. 海淀区居民消费层级状况

在收入水平较低时，维持生计的食品在消费支出中必然较大。随着收入的增加，食品需求基本满足，消费的重心向其他方面转移。2008年海淀区人均GDP水平已超过1万美元，2013年底已突破1.7万美元。依照国际经验，当区域经济中生产总值超过5000美元时，居民消费将进入精神文化需求的旺盛时期。调查显示，海淀区居民每月文化消费金额在200元~500元占总受访人数的27.2%；月文化消费金额在100元~200元占总受访人数的23.8%；月文化消费金额在50元~100元占总受访人数的19.2%；月文化消费金额500元~1000元的占总受访人数的12.3%，1000元以上高消费群体占5.2%，0元~50元的低消费群体占比为12.3%。据此推算，海淀区居民人均年文化消费金额为3668元，[①]海淀区居民年文化消费金额应在130亿元左右。[②]可见，海淀区居民大多处于中等消费群体，海淀区文化消费规模及潜力巨大。

（四）居民文化消费意愿状况

文化消费意愿是文化消费的前提，也是影响文化消费结构转变的重要因素。调查显示，海淀区居民收入盈余投向情况如表7所示：

表7　海淀区居民消费意愿调查统计表

居民消费意愿项目		海淀区居民消费意愿投向
无收入盈余		17.8%
有收入盈余	改善衣食住行	59.6%
	文化娱乐生活	47.3%
	储蓄	41.1%
	投资	28.1%
	其他	6.1%

可见，47.3%的居民有意愿将收入盈余投入到文化娱乐生活，希望充实精神生活；59.6%的居民有意愿将收入盈余投入到改善衣食住行方面；41.1%的居民有意愿将收入盈余投入到储蓄中。除20岁以下没有储蓄需求外，随着年龄的增长，储蓄意愿基本呈上升趋势，20~30年龄段有储蓄意愿居民与无储蓄意愿居民之比为42.4∶100，60岁以上年龄段该比例为154.5∶100，是20~30年龄段居民的近4倍。仅有28.1%的居民有意愿将收入盈余用于投资。

另外，调查对海淀区居民文化消费目的进行了统计，调查结果如图3-4所示：

---

① 假设金额各分组的人数均匀分布。
② 截至2013年底，海淀区常住人口357.6万人。

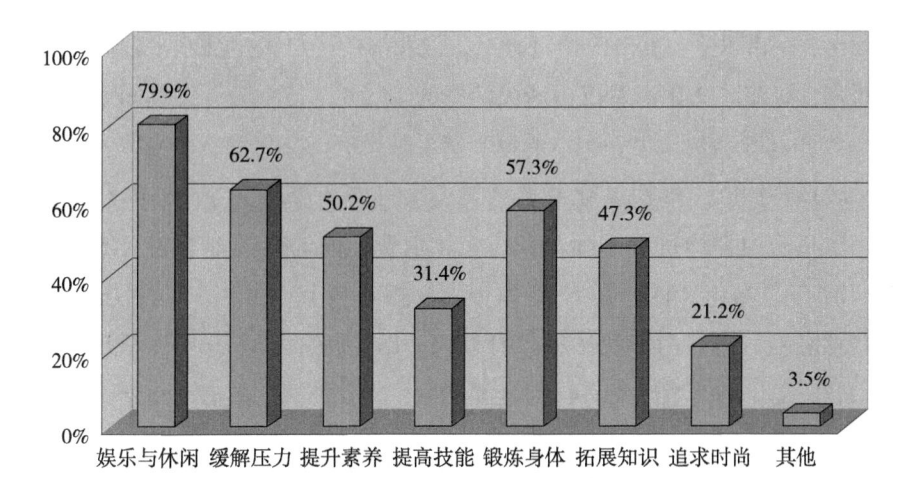

图4 海淀区居民文化消费目的分布

从海淀区居民文化消费目的（可多选项目）来看，以发展型和享受型消费为主，其中，提升素养、提高技能、锻炼身体、拓展知识侧重于发展型消费，娱乐与休闲、缓解压力和追求时尚侧重于享受型消费。居民文化消费目的有享受型消费倾向，其中，以娱乐与休闲为目的的消费人群最多，占受访人数的79.9%，其次为缓解压力，占受访人数的62.7%。发展型消费为目的占一定比例，其中，锻炼身体、提升素养、拓展知识和提高技能为目的的文化消费分别占57.3%、50.2%、47.3%和31.4%。因此，文化消费以获取愉悦和缓解压力为首选，其次为提升文体素质，追求时尚仅占21.2%。

四、海淀区居民文化消费存在的问题

在调查采访的基础上，针对海淀区居民对文化消费领域的满意度的评价，海淀区文化消费发展总体发展良好，但也存在一些问题。

（一）海淀区居民文化消费占比低

调查显示，海淀区的恩格尔系数[①]为29.8%，比全国水平[②]低5.2个百分

[①] 居民食品消费为消费支出的比重。
[②] 数据来源：根据国家统计局2013年数据计算，全国恩格尔系数为35.0%。

点，比北京市水平[①]低1.3个百分点，说明海淀区居民生活水平较高。相比较而言，海淀区文化消费仅占居民消费的14.2%，与欧美等发达国家差距较大[②]，而海淀区居民收入的1/3的用于储蓄和投资，文化消费所占收入的比例相对较低。同时，居民文化消费意愿还没有得到合理引导。据本次调查测算，居民认为平均每月实际花费在文化消费方面的金额占总收入的19%，而同时有意愿花费的平均比例为26%，相差7个百分点，说明居民文化消费意愿强，但是由于我国在教育投入、医疗保障、住房政策等方面的差异，居民文化消费意愿没有得到全部释放，文化消费还具有一定潜力。

（二）海淀区居民文化消费结构不够合理

调查显示，居民首选的文化消费内容集中在"上网娱乐"和"在家看电视、电影、听音乐"，综合得分均在8分以上；消费目的首选娱乐和休闲，体现出享受性文化消费特征。而运动健身、外出旅游得分仅为5分左右，教育培训、欣赏演出等提升技能、积累文化底蕴的文化消费得分较低，发展性文化消费比例不高，不利于培养文化消费需求和营造健康的文化氛围，文化消费内部结构需要进一步调整和改善。

（三）文化消费价格较高

调查关注了上网娱乐、看电影演出、参观博物馆、运动健身、公园游乐园、教育培训、图书音像等文化消费的价格满意度情况。30%以上居民认为满意的项目有公园游乐园、上网娱乐和参观博物馆。80%以上居民认为上述项目的价格表示满意或一般满意。值得注意的是，居民对自己消费能力评价为44%，文化消费总体满意度方面评价不高仅为50.8%，这些评价与文化消费价格有直接关系。调查显示，居民对看电影、演出的价格不满意比例最高，占受访人数的14.8%；其次是运动健身和教育培训，均为12.5%。86.8%的受访者希望通过定期免费开放文化艺术消费场所来促进文

[①] 数据来源：根据北京市统计局2013年数据计算，北京市恩格尔系数为31.1%。
[②] 欧美发达国家居民用于文化消费的比例高达30%，根据2011年美国劳工局调查数据计算，美国居民平均文化消费占比为31.3%。

化消费，80.6%的受访者希望通过降低文化消费价格来促进文化消费。

（四）公共文化设施布局亟待优化

调查显示，仅有50.3%的受访人群对公园、游乐园、电影院的数量和布局表示满意。对于文艺演出、电影院、博物馆、运动健身场所、公园游乐园、教育培训场所和图书馆等公共设施的调查显示多数受访仅表示基本满意。

公共文化设施布局不合理，是阻碍海淀区文化消费的一个重要问题。调查显示，运动健身场所布局不满意的受访居民最多，达到10.8%，其次是图书馆和博物馆。居民满意度最低的公共文化设施布局是教育培训场所，仅有29.1%的居民选择满意。对于文化设施服务和管理水平，受访者表示较为满意居多。

（五）海淀区居民闲暇时间不多

调查显示，海淀区居民平均每天闲暇时间是3.1小时，由于居民受教育水平、兴趣爱好等因素的差异，每天用于文化消费的时间仅为0.8小时，占闲暇时间的27.1%。61.2%的受访者认为多放长假，可以促进文化消费。引导居民合理安排文化消费时间，提供简洁、便利的文化消费途径，是需要深入研究的问题。文化消费较高发达国家具有较为完善的假期制度，居民假期普遍较多。①值得注意的是，占受访人群的49%认为"没有时间"是制约文化消费意愿实现的主要因素。

（六）海淀区居民文化消费区域具有明显的局限性

从消费地点来看，海淀区居民文化消费地点的主要集中在海淀区、朝阳区和西城区，其中，97%的受访者在海淀区消费，21.2%的受访者还在朝阳区消费，20.8%的受访者也在西城区消费。在昌平区消费的占10.5%，其他各区县消费的受访者不超过5%。居民文化消费的区域半径侧面反映了居民文化消费的水平。

---

① 美国公假日大约有10天左右，但是公司一般都有20天左右的带薪假，我国公假也是10天，但是公司给的带薪假较少，因此对一般消费者来说，假期时间相对较短。

五、政策建议

对文化消费理论及海淀区居民现状调查研究的基础上，结合海淀区文化创意产业的发展路径，特提出促进海淀区文化消费的如下建议。

（一）培育和扶持海淀区重点文化企事业单位做强做大，夯实海淀区文化产业大区基础

目前，海淀区文化创意产业集聚区12个，重点文化企业众多，收入过亿元的文化企业达到480家，过10亿元的企业达到48家，过百亿元的企业达到2家，包括百度、新浪、搜狐、微软（中国）等著名企业。拥有中央新闻机构和300多家其他新闻媒体，报社26家，期刊社179家；出版社62家，占全国出版社的10%；拥有中国电影集团、北影厂等影视机构，电影资源馆、影视资料库、北京电影学院等馆台和教育资源；拥有海淀剧院、华星影院等国内知名的影院；拥有包括亚洲最大的国家图书馆在内的各类图书馆222个，19个博物馆以及中国剧院等演出场所，体育场馆2000多个。同时，海淀区居民年文化消费潜力巨大，据测算，可达500亿左右。[①]为进一步搭建文化生产与消费的桥梁，积极引导文化企事业单位集中力量与海淀区居民的文化需求相衔接，转移海淀区居民用于储蓄及投资收入（占总收入33.3%）到文化消费领域上来，应动态监测居民文化消费规模和消费结构的变化趋势，细化文化消费监测内容，丰富文化消费评价指标体系，为文化企事业单位提供及时有效的消费趋势信息，分行业，分层次，逐步扩大海淀区文化消费规模。

（二）建立海淀区文化消费引导基金，支持文化消费发展

通过政府财政支持组建海淀区文化消费引导基金，将基金使用在促进海淀区居民文化消费领域。在法国，政府直接财政拨款给文化事业单位，以行政手段，通过契约形式的文化协定来实现文化目标。借鉴国外先进管

[①] 按照发达国家文化消费普遍占消费比重30%的规模测算，2013年海淀区社会消费品零售总额1614.2亿元，文化消费应在484.3亿。

理模式，并结合我国文化消费发展趋势，重点加大文化从业人员职业技能培训工作，扩大培养、培训规模，进一步提高文化服务质量，提升海淀区居民对文化的认识能力、欣赏能力和价值挖掘能力，优化居民文化消费结构，引导文化消费健康发展。通过资金杠杆的撬动，从基层开始，激发消费者的文化需求，唤起消费者的消费欲望，激发消费行为，营造文化消费氛围。

（三）加强新文化业态的支持力度，激发文化消费需求

当前，新文化产品和文化服务在海淀区层出不穷。海淀区文化创意产业中软件、网络及计算机服务业是优势产业，企业众多，每年推陈出新的科技文化产品和信息化、数字化内容服务举不胜举。海淀区居民对新的文化产品和服务在生产区域上应有一定优先消费的优势，应深入了解在海淀区域内居住的区内外、市内外和境内外不同消费群体对消费领域和消费产品的需求，培育海淀区居民优先消费文化产品和服务氛围有利于激发海淀区文化消费需求。

（四）开拓海淀区旅游休闲文化市场，促进总体文化消费

旅游休闲是带动众多文化产品消费的关键。据调查显示，海淀区居民每年平均在本市旅游的次数为2.7次，其中，旅游次数1~3次的受访者占56.5%，仅有10%的受访者旅游次数在6次以上。在外地旅游的次数为1.3次，旅游次数1~3次的受访者占55.3%，一次没有的受访者占27.2%。海淀区居民文化消费首选娱乐与休闲，旅游休闲作为重要的休闲手段，应着重加强。进一步解决海淀区文化景点旅行便利，定期举办景点门票优惠等活动，开拓旅游休闲文化市场，带动海淀区总体文化消费。

（五）优化海淀区文化消费场馆布局，疏通消费薄弱环节

文化消费市场的合理规划和布局是文化消费的关键，便利的消费场所应符合在海淀区居民就近消费的生活习惯。调查显示，受访者对教育培训场所、健身场所、电影院、剧院等文化消费场馆布局满意度不高，优化调

整文化消费场馆布局需长远规划科学考虑。特别是目前海淀区社区中文化消费场所不多的问题，需政府部门统筹考虑。海淀区大专院校众多，设施齐全，每年假期较长，往往处于闲置状态，如何引导社会资本进入文化消费场馆的运营和建设中来，是解决文化消费场所不足的可行方式。

（六）建立海淀区文化产品和服务的价格调控机制，提升居民文化消费意愿

价格因素是影响文化消费的关键因素，直接关系到海淀区居民的消费能力，海淀区居民在对自己消费能力评价为44%，对上网娱乐、看电影演出、参观博物馆、运动健身、公园游乐园、教育培训、图书音像等价格普遍感觉高，进而对文化消费总体评价不是很满意，受访者希望通过降低文化消费价格来促进文化消费。因此，鼓励中小企业进入文化产品和服务的生产领域，简化审批流程，降低进入门槛，出台重点行业优惠政策，扩大海淀区文化产品和服务企业的数量，有助于降低文化产品和服务的价格。政府部门适当的对文化产品和服务的价格管控也是有必要的措施。

（七）加强海淀区居民社会保障体系建设，确保文化消费无后顾之忧

制约海淀区居民文化消费因素有居民可支配收入不高、闲余时间过少等问题，这些问题的深层次因素是居民社会保障体系还不够健全，造成居民储蓄偏高，影响居民在文化领域的消费。建议海淀区继续加强社会保障体系的规范和建设，确保对海淀区境内企业员工合理福利政策的依法执行，使海淀区从业人员的休息时间、医疗养老保障、居民收入的得到合理增长，消除后顾之忧，为海淀区居民创造文化消费的良性发展环境。

（八）加强海淀区文化消费监测，建立文化消费动态评价体系

建立海淀区文化消费监测制度和文化消费动态评价体系，准确把握海淀区居民文化消费规律、特点热点和存在的问题，探索建立定期区域文化消费水平的监测模型，建立文化消费综合指数，客观反映海淀区文化创意产业发展，并提供决策支持。

VII

海淀区文化创意产业园区调查报告

报告一：2016年海淀区文化创意产业园区发展报告

根据北京市文化创意产业园区的划分，结合海淀区辖区的实际情况，对海淀区文化创意产业四个园区，即清华科技园（局部）（包括搜狐网络大厦、创新大厦、学研大厦、启迪大厦四座建筑物中的文化创意企业）、创意设计服务功能区、音乐产业功能区和影视产业功能区内的文化创意企业进行了调查。利用调查取得的资料结合有关部门掌握的相关信息，得出四个文化创意产业园区的主要数据，包括单位数、营业收入、资产、营业利润、税金、从业人员等及其派生指标。进而用这些数据准确描述各园区的发展情况，找出园区发展特点，揭示园区的核心竞争力，为研究进一步推动园区发展提供决策参考。现将主要汇总结果及情况分析报告如下。

一、文化创意产业园区发展基本情况

我们用企业单位数、营业收入、资产、营业利润、税金、从业人员这6项基础指标来反映园区发展的基本情况（见表1）。2015年与2014年相比，从业人员增长2.5%的情况下，营业收入增长15.9%，资产增长14.3%，营业利润增长70.5%，税金增长2.5%。这在近年宏观经济发展放慢的大背景下

实属不易，也从一定程度上说明海淀区文化创意产业各项优惠政策逐步落实，为提振产业发展，凝聚产业动力，稳定产业规模，挖掘产业潜力逐步发挥积极作用。

表1　2015年四个园区主要指标汇总表

	2015年合计	比上年增长（%）	清华科技园	创意设计服务功能区	影视产业功能区	音乐产业功能区
单位数（家）	1386	—	130	832	302	122
营业收入（亿元）	357.6	15.9	56.7	188.4	86.4	6.1
税金（亿元）	19.5	2.1	6.5	9.3	3.5	0.2
营业利润（亿元）	40.0	70.5	30.5	7.1	2.3	0.2
资产（亿元）	1069.4	14.3	578.5	374.3	107.4	9.2
从业人员（万人）	4.3	2.5	0.7	2.4	1.0	0.2

四个园区全部文化创意企业各项指标合计，占海淀区规模以上文化创意企业合计数的比重分别为：营业收入6.3%，资产10.8%，营业利润8.8%，税金6.4%，从业人数7.3%，各项指标比重多数不足10%。

二、各园区占比分析

从各园区各项指标占园区合计的比重及其变化来看，清华科技园发展态势较好，创意设计服务功能区居其次，音乐产业功能区、影视产业功能区基本处于持平甚至出现下降趋势。具体情况如下。

单位数　2015年底，四个园区的1386家文化创意企业中，创意设计服务占60.0%；清华科技园占9.4%；音乐产业功能区占8.8%；影视产业功能区占21.8%。其中规模以上企业169家，清华科技园26家，创意设计服务功能区104家，影视产业功能区34家，音乐产业功能区5家。

营业收入　2015年，四个园区文化创意企业全年营业收入357.6亿元中，创意设计服务功能区占55.8%，比2014年占比上升了1个百分点；清华科技园占16.8%，下降了0.2个百分点；音乐产业功能区占1.8%，上升了0.2个百分点；影视产业功能区为86.4亿元，占25.6%，下降了0.9个百分点。

资产　2015年底,四个园区文化创意企业资产1069.4亿元,其中,创意设计服务功能区占35.0%,较2014年下降了1.1个百分点;清华科技园占52.9%,上升了1.2个百分点;音乐产业功能区占0.9%,与去年基本持平;影视产业功能区占10.1%,下降了0.1个百分点。

营业利润　2015年,四个园区文化创意企业营业利润为40.0亿元,其中,创意设计服务功能区占17.7%,下降了3.6个百分点;清华科技园占76.1%,上升了7.8个百分点;音乐产业功能区占0.5%,下降2.1个百分点;影视产业功能区占5.7%,下降了9.3个百分点。

税金　2015年,四个园区文化创意企业实现税金19.5亿元,其中,创意设计服务功能区占47.7%,上升5.4个百分点;清华科技占33.1%,下降了1个百分点;音乐产业功能区占1.3%,下降了0.2个百分比;影视产业功能区占17.9%,下降了4.6个百分点。

从业人员　2015年,四个园区文化创意企业从业人员4.3万人,其中,创意设计服务功能区为2.4万人,占55.8%,下降了0.4个百分点;清华科技园占16.3%,上升了0.7个百分点;音乐产业功能区占3.7%,与去年基本持平;影视产业功能区占24.1%,与去年基本持平。

2015年,四个园区文化创意企业硕士(含)以上从业人员7134人,其中,创意设计服务功能区占23.1%,上升了2.2个百分点;清华科技园占18.6%,上升了1.7个百分点;音乐产业功能区占2.7%,与上年基本持平;影视产业功能区占55.6%,下降3.6个百分点。

三、园区规模及效率分析

我们用企业平均从业人数、企业平均资产、企业平均营业收入来反映企业规模,用全员劳动生产率、企业平均利润、企业平均税金来反映企业的效率或效益。相对而言,清华科技园企业规模大,投入多,收益好,呈现出典型的投资型产业园区特征;影视产业功能区高层次人才集中,劳动效率高,具有一定的聚集效应,人才优势较为明显;创意设计服务功能区企业数量庞大，吸纳的就业人数多，无论是平均收入、平均利润、平均税金还是全员劳动生产率，均与影视产业功能区没有明显的差异；音乐产业功能区企业规模小，效益差。具体情况如下。

从企业平均从业人数看 2015年，四个园区文化创意企业平均从业人数为31人，其中硕士（含）及以上为5人。分园区看，清华科技园企业平均从业人数53人，其中硕士（含）及以上10人；影视产业功能区企业平均从业人数为34人，其中硕士（含）及以上13人；创意设计服务功能区企业平均从业人数为29人，其中硕士（含）及以上2人；音乐产业功能区企业平均从业人数为13人，其中硕士（含）及以上2人。

从企业平均营业收入看 2015年，四个园区文化创意企业平均营业收入为2435.5万元。其中，清华科技园企业平均收入为4359.8万元，居首位；其次是影视产业功能区，企业平均收入为2862.0万元，创意设计服务功能区为2264.3万元，音乐产业功能区为496.6万元。

从企业平均资产看 2015年，四个园区文化创意企业平均资产为7715.5万元。其中，清华科技园企业平均资产为44499.6万元，居首位；其次是创意设计服务功能区，企业平均资产为4498.4万元，影视产业功能区为3556.9万元，音乐产业功能区为753.1万元。

从企业全员劳动生产率看 2015年，四个园区文化创意企业全员劳动生产率[①]为79.3万元。其中，影视产业功能区全员劳动生产率为84.1万元，位居首位；其次是清华科技园，全员劳动生产率为81.7万元，创意设计服务功能区为79.3万元，音乐产业功能区为38.0万元。

从企业平均利润看 2015年，四个园区文化创意企业平均利润为288.8万元。其中，清华科技园企业平均利润为2343.0万元，位居首位；其次是创意设计服务功能区，企业平均利润为84.9万元，影视产业功能区为76.1万元，音乐产业功能区为16.5万元。

从企业平均税金看 2015年，四个园区文化创意企业平均税金为140.6万元。其中，清华科技园企业平均税金为496.5万元，位居首位；其次是影

---

① 全员劳动生产率＝收入/从业人数

视产业功能区，企业平均税金为115.6万元，创意设计服务功能区为111.7万元，音乐产业功能区为20.4万元文化创意企业。

四、园区企业行业特征分析

四个园区文化创意企业分行业各项指标的汇总结果（见表2）表明，虽然各行业各项指标数据占总体的比重位次不尽相同，但软件、网络及计算机服务与设计服务、广告会展这三个行业位居前三是不争的事实，无论哪项指标，三个行业汇总都在60%以上。四个园区文化创意企业，不但覆盖了文化创意九大行业，而且是海淀区文化创意产业的一个缩影。对各园区分行业各项指标占园区总体比重的具体情况如下。

表2　2015年四个园区文化创意企业分行业情况汇总表

	单位数（家）	收入（亿元）	税金（亿元）	营业利润（亿元）	资产（亿元）	从业人员（亿元）
合　计	1386	337.6	19.5	40.0	1069.4	42582
文化艺术	145	12.7	0.8	1.3	49.0	2320
新闻出版	65	18.8	1.0	1.8	47.1	2254
广播、电视、电影	71	20.6	0.9	0.7	30.8	2452
软件网络及计算机服务	544	127.2	8.1	20.2	476.9	16317
广告会展	179	39.4	1.9	1.4	76.9	5035
艺术品交易	7	0.2	0.0	0.0	0.4	68
设计服务	195	66.0	3.3	3.9	144.3	7637
旅游休闲娱乐	37	18.7	0.9	0.9	35.3	2021
其他辅助服务	143	33.8	2.7	9.8	208.6	4479

文化艺术　2015年全年营业收入12.7亿元，占园区总收入的3.8%；实现税金0.8亿元，占园区总税金的4.0%；实现营业利润1.3亿元，占园区总营业利润的3.1%；资产合计达到49.0亿元，占园区总资产的4.6%；年末从业人员达到2320人，占园区从业人员总数的5.4%。

新闻出版　2015年全年营业收入18.8亿元，占园区总收入的5.6%；实现税金 1.0 亿元，占园区总税金的 5.1%；实现营业利润 1.8 亿元，占园区总营业利润的 4.4%；资产合计达到 47.1 亿元，占园区总资产的 5.3%；年末从业人员达到 2254 人，占园区从业人员总数的 5.3%。

广播电视电影 2015 年全年营业收入 20.7 亿元，占园区总收入的 6.1%；实现税金 0.9 亿元，占园区总税金的 4.5%；实现营业利润 0.7 亿元，占园区总营业利润的 1.6%；资产合计达到 30.8 亿元，占园区总资产的 2.9%；年末从业人员达到 2452 人，占园区从业人员总数的 5.8%。

软件网络计算机服务 2015 年全年营业收入 127.2 亿元，占园区总收入的 37.7%；实现税金 8.1 亿元，占园区总税金的 41.5%；实现营业利润 20.3 亿元，占园区总营业利润的 50.6%；资产合计达到 477 亿元，占园区总资产的 44.6%；年末从业人员达到 16317 人，占园区从业人员总数的 38.3%。

广告会展 2015 年全年营业收入 39.4 亿元，占园区总收入的 11.7%；实现税金 1.9 亿元，占园区总税金的 9.6%；实现营业利润 1.4 亿元，占园区总营业利润的 3.6%；资产合计达到 76.9 亿元，占园区总资产的 11.8%；年末从业人员达到 5035 人，占园区从业人员总数的 11.8%。

艺术品交易 2015 年全年营业收入 0.2 亿元，占园区总收入的 0.1%；实现税金 0.01 亿元，占园区总税金的 0.1%；实现营业利润 –0.02 亿元，占园区总营业利润的不足百分之一；资产合计达到 0.4 亿元，占园区总资产的的不足百分之一；年末从业人员达到 68 人，占园区从业人员总数的 0.2%。

设计服务 2015 年全年营业收入 66.0 亿元，占园区总收入的 19.6%；实现税金 3.3 亿元，占园区总税金的 17.0%；实现营业利润 3.9 亿元，占园区总营业利润的 9.8%；资产合计达到 144.3 亿元，占园区总资产的 13.5%；年末从业人员达到 7673 人，占园区从业人员总数的 17.9%。

旅游休闲娱乐 2015 年全年营业收入 18.7 亿元，占园区总收入的 5.5%；实现税金 0.9 亿元，占园区总税金的 4.5%；实现营业利润 0.9 亿元，占园区总营业利润的 2.2%；资产合计达到 35.3 亿元，占园区总资产的 3.3%；年末从业人员达到 2021 人，占园区从业人员总数的 4.7%。

其他辅助服务 2015 年全年营业收入 33.8 亿元，占园区总收入的 10.0%；实现税金 2.7 亿元，占园区总税金的 13.8%；实现营业利润 9.9 亿元,占园区总营业利润的 24.6%;资产合计达到 208.6 亿元,占园区总资产的 19.5%;年末从业人员达到 4479 人,占园区从业人员总数的 10.5%。

五、各园区特征及功能分析

我们重点从单位数、营业收入、从业人员三个指标及其派生指标来分析清华科技园(局部)、创意设计服务功能区、影视产业功能区和音乐产业功能区的特征及功能定位的符合程度。

清华科技园(局部)

表3 2015年清华科技园(局部)分行业情况汇总表

	单位数(家)	营业收入(万元)	税金(万元)	营业利润(万元)	资产(万元)	从业人员(人)
合计	130	566769.0	64543.3	304594.8	5784948.7	6940
文化艺术	10	23929.4	2649.7	12372.9	280214.3	331
新闻出版	3	20946.6	2415.5	11452.1	199411.5	241
广播、电视、电影	1	426.1	33.5	131.5	11543.2	13
软件网络及计算机服务	56	318886.0	36600.8	173228.6	3118148.7	3761
广告会展	4	1704.5	133.8	526.1	46173.0	51
艺术品交易	0	0	0	0	0	0
设计服务	6	22224.9	2515.9	11846.7	234041.3	280
旅游休闲娱乐	2	852.2	66.9	263.1	23086.5	26
其他辅助服务	48	177799.4	20127.1	94773.8	1872330.2	2238

2015年,清华科技园(局部)拥有企业130家,其中规模以上企业26家,规模以下企业104家。软件、网络及计算机服务行业的企业最多,达到56家,占园区企业总数的43.1%;其中,规模以上企业15家,占园区规模以上企业总数的57.7%。2015年末,从业人员6940人,其中,规模以上企业5610人,占从业人员总数的80.8%。全年实现营业收入56.7亿元,其中,规上企业实现收入52.2亿元,占92.2%。值得注意的是,规模以上软件、网络及计算机服务行业实现收入30.1亿元,占收入总数的53.2%,各

行业营业收入结构见图1：

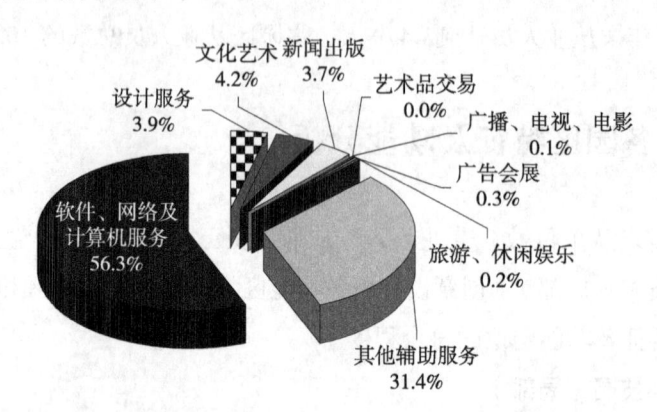

图1 2015年清华科技园（局部）九大行业营业收入结构图

饼图数据：
- 软件、网络及计算机服务 56.3%
- 其他辅助服务 31.4%
- 文化艺术 4.2%
- 设计服务 3.9%
- 新闻出版 3.7%
- 广告会展 0.3%
- 旅游、休闲娱乐 0.2%
- 广播、电视、电影 0.1%
- 艺术品交易 0.0%

清华科技园园区企业的平均营业收入为 4359.8 万元；其中，规模以上企业平均收入为 20094.4 万元。企业平均劳动生产率[①]为 81.7 万元/人；其中，规模以上企业平均劳动生产率为 93.1 万元/人。值得注意的是，作为清华科技园的龙头行业软件、网络及计算机行业中企业平均劳动生产率为 73.9 万元/人；其中，规模以上企业为 103.4 万元/人，较海淀区软件、网络及计算机行业中企业平均劳动生产率高出 19.3 万元/人，显示出较高的劳动效率。

园区核心企业集中度高。排在前十位的企业收入达到 43.3 亿元，占园区企业总收入的 76.5%；拥有资产 398.6 亿元，占园区企业总资产的 68.9%；从业人员达到 4546 人，占园区总人数的 65.5%。

综上所述，清华科技园（局部）主导行业是软件、网络及计算机服务行业，企业规模大，劳动效率高，具有明显的科技创新特征，并逐步形成具有自身特色的运行模式和园区文化，区域自主创新、产学研合作、科技成果转化和孵化等方面较好。按照园区发展阶段理论来看，清华科技园名副其实，已经迈入发展机制建设阶段，未来应逐步培养国际范围的市场整合能力。

---

① 平均劳动生产率 = 收入/从业人员数

创意设计服务功能区

表4　2015年创意设计服务功能区分行业情况汇总表

	单位数（家）	营业收入（万元）	税金（万元）	营业利润（万元）	资产（万元）	从业人员（人）
合计	832	1883862.0	92946.3	70667.4	3742682.0	23763
文化艺术	69	80566.0	4014.2	1447.6	158983.1	1274
新闻出版	38	90131.9	4444.8	3466.1	179124.0	1123
广播、电视、电影	13	51931.2	2550.5	2416.2	103492.5	578
软件、网络及计算机服务	356	634289.5	31383.8	20218.8	1257699.8	8586
广告会展	116	303555.4	14955.7	12238.1	603658.2	3690
艺术品交易	3	657.6	35.6	−103.0	1219.0	29
设计服务	168	560361.8	27553.9	24765.2	1115838.5	6456
旅游、休闲娱乐	26	136583.5	6698.5	6740.6	272458.5	1458
其他辅助服务	43	25785.5	1309.3	−522.2	50208.4	569

2015年，创意设计服务功能区拥有企业832家，其中规模以上企业104家。但符合功能区概念的设计服务和广告会展两个行业企业数量占园区企业总数的34.1%。2015年末，创意设计服务功能区从业人员23763人，其中，规上企业16680人，占从业人员总数的70.2%。全年实现营业收入188.4亿元，其中，规模以上企业实现收入172.4亿元，占收入总数的91.5%。但符合功能区概念的设计服务和广告会展两个行业企业营业收入园区企业总数的45.8%。各行业收入分布见图2：

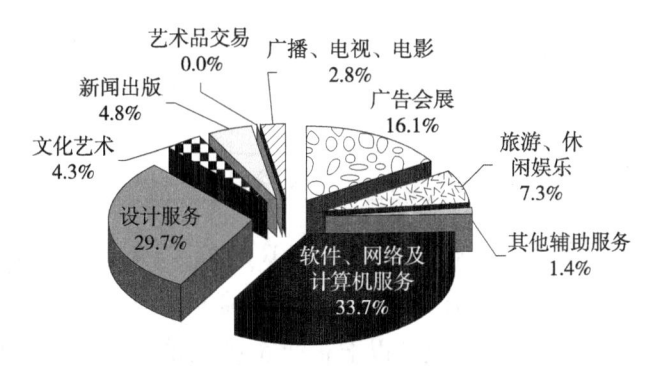

图2　2015年创意设计服务功能区九大行业营业收入结构图

2015年，创意设计服务功能区园区企业的平均营业收入为2264.3万元；其中，规模以上为16579.8万元，规模以下为219.2万元，企业规模有显著差距。企业平均劳动生产率为79.3万元/人；其中，规模以上企业平均劳动生产率为103.4万元/人，较海淀区文化创意产业规上企业平均劳动生产率高出8万元/人；规模以下企业平均劳动生产率为22.5万元/人。

园区核心企业集中度较高。排在前15位的企业收入达到104.0亿元，占园区企业总收入的78.1%；拥有资产110.0亿元，占园区企业总资产的41.4%；从业人员达到4546人，占园区总人数的59.0%。

综上所述，创意设计服务功能区主导行业是软件网络及计算机服务行业、设计服务行业和广告会展行业，企业规模中等，劳动效率较高。符合功能区概念的设计服务行业和广告会展业占比为45.8%。

影视产业功能区

表5 2015年影视产业功能区分行业情况汇总表

行业	单位数（家）	营业收入（万元）	税金（万元）	营业利润（万元）	资产（万元）	从业人员（人）
合计	302	864326.1	34925.3	22978.3	1074179.6	10283
文化艺术	38	8886.0	533.4	-1760.2	28923.3	350
新闻出版	16	73774.3	2932.2	2520.7	86676.7	809
广播、电视、电影	55	152927.0	6187.2	3976.0	190859.5	1830
软件、网络及计算机服务	107	302814.1	12192.0	8554.1	371824.8	3541
广告会展	45	79620.4	3283.1	1362.7	105705.1	1039
艺术品交易	2	467.7	28.1	-92.6	1522.3	18
设计服务	12	73306.7	2904.1	2613.3	85154.4	791
旅游、休闲娱乐	6	48091.6	1889.3	1896.6	54232.5	497
其他辅助服务	33	124438.2	4975.9	3907.8	149281.6	1407

2015年，影视产业功能区拥有企业302家，其中规模以上企业34家，规模以下企业268家。广播、电视、电影行业的企业仅为55家，占园区企业总数的18.2%；其中，规模以上企业6家。2015年末，影视产业功能区从业人员有10283人，其中，规模以上企业7817人，占从业人员总数的

76.0%。实现营业收入 86.4 亿元，其中规模以上企业占 92.7%。值得注意的是，规模以上广播、电视、电影行业实现收入 15.3 亿元，占收入总数的17.7%，虽然高于海淀区该行业收入占比 8.3 个百分点，具有一定的聚集效应，但离真正的影视产业功能区还有很大差距。各行业收入分布见图 3：

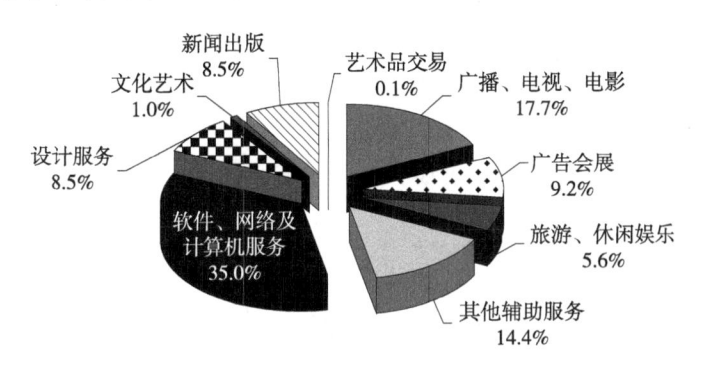

新闻出版 8.5%
艺术品交易 0.1%
广播、电视、电影 17.7%
文化艺术 1.0%
设计服务 8.5%
软件、网络及计算机服务 35.0%
广告会展 9.2%
旅游、休闲娱乐 5.6%
其他辅助服务 14.4%

图 3　2015 年影视产业功能区九大行业营业收入结构图

2015 年，影视产业功能区园区企业的平均营业收入为 2862.0 万元；其中，规模以上企业平均收入为 23578.1 万元，规模以下企业平均收入为 233.8 万元。园区企业平均劳动生产率为 84.1 万元 / 人；其中，规模以上企业平均劳动生产率为 102.6 万元 / 人，较海淀区文化创意产业平均劳动生产率高出 7.2 万元 / 人；规模以下企业平均劳动生产率为 25.4 万元 / 人。值得注意的是，广播、电视、电影行业中企业平均劳动生产率为 83.6 万元 / 人；其中，规模以上企业为 102.6 万元 / 人，远远低于海淀区广播、电视、电影行业中企业平均劳动生产率 209.9 万元 / 人，说明尽管园区内影视企业有一定集中度，但是劳动效率相对较低，没有将区内该行业核心企业纳入到影视产业功能区。

园区核心企业集中度较高，但与产业园区的影视定位存在一定差距。排在前十位的企业收入达到 50.6 亿元，占园区企业总收入的 87.3%；拥有资产 52.2 亿元，占园区企业总资产的 79.1%；从业人员达到 4240 人，占园区总人数的 69.9%。10 家企业中，仅有 3 家公司在广播、电视、电影行业。

综上所述，影视产业功能区行业集中度不足，重点发展的广播、电视、电影行业在排名前 10 家的企业中仅有 3 家，在所有企业中占 17.7%。值得注意的是，该园区人才资源丰富，硕士（含）及以上的从业人员占比在四个园区中最高,但影视产业功能区内企业的平均劳动生产率不高。

音乐产业功能区

表6 2015年音乐产业功能区分行业情况汇总表

	单位数（家）	营业收入（万元）	税金（万元）	营业利润（万元）	资产（万元）	从业人员（人）
合计	122	60580.2	2484.3	2008.5	91880.1	1596
文化艺术	28	13977.9	575.9	470.7	21676.7	366
新闻出版	8	3238.1	137.4	119.9	5740.3	81
广播、电视、电影	3	1214.3	51.5	45.0	2152.6	30
软件、网络及计算机服务	28	15813.0	636.5	491.6	21827.1	429
广告会展	18	9525.6	387.0	305.8	13783.7	255
艺术品交易	2	809.5	34.3	30.0	1435.1	20
设计服务	11	4452.4	188.9	164.9	7893.0	111
旅游、休闲娱乐	4	1619.1	68.7	60.0	2870.2	40
其他辅助服务	19	9930.3	404.1	320.7	14501.3	265

2015年,拥有企业122家,其中规模以上企业仅5家。年末业人员有1596人,其中,规模以上企业416人,占26.1%。全年实现营业收入6.1亿元,其中,规模以上企业占21.8%（各行业收入结构见图11）。园区企业的平均营业收入为496.6万元；其中,规模以上为2644.6万元,规模以下为404.8亿元,企业规模有显著差距。园区企业平均劳动生产率为38.0万元/人。

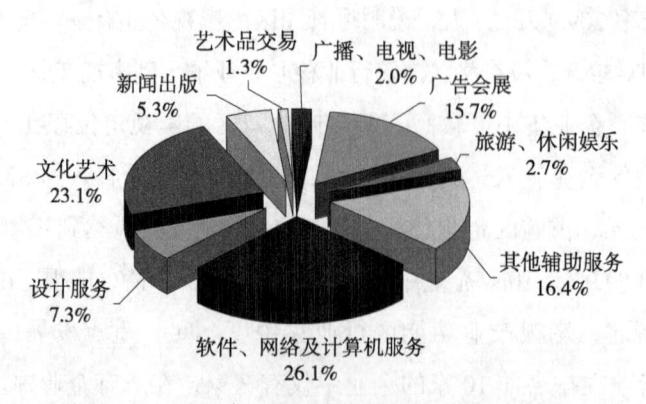

图4 2015年音乐产业功能区九大行业收入结构图

园区核心企业集中度低。排在前十位的企业收入达到 2.2 亿元，占园区企业总收入的 36.3%；拥有资产 1.7 亿元，占园区企业总资产的 18.3%；从业人员达到 503 人，占园区总人数的 31.5%。综上所述，音乐产业功能区企业规模小，效率低。文化艺术行业企业有所聚集，但基本上不符合音乐产业功能区特征，科技创新特征也不明显。

六、几点建议

通过以上分析，至少可以得出这样两点启示：一是四个园区在海淀区文化创意产业中的比重，虽然多数指标不足 10%，但对文化创意产业的行业全覆盖，具有较强的代表性；二是四个园区发展不平衡，清华科技园（局部）较好，创意服务功能区次之，影视功能区较差，音乐功能区基本上有名无实。此外，在调研过程中了解到，很多企业不知道自己处于文化创意产业功能区，也不知道政府发展文化创意产业园区的规划和政策。针对这些启示和情况，提出以下建议：

一是准确园区功能定位。如海淀园已作为科技园管理，且范围太大，可部分作为文化园区，不必全部化入；再如音乐产业功能区，目前基本名不副实，可否改为文化产业功能区。

二是合理规划园区的发展。"十三五"期间，除海淀区文化创意产业的规划外，还应根据各园区的现状和发展特点，进一步将规划延伸到文化创意产业园区，明确各园区的发展目标和发展途径。

三是加强定期监测提高管理水平。以园区为"试验田"，对其建立长期的监测机制，适时掌握园区发展动态，检查政策和规划的落实情况，总结经验和问题，并预测全区文化创意产业发展趋势，进而为及时合理调整规划和政策提供依据。

报告二：2017年海淀区文化创意产业园区发展报告

为进一步加快构建现代公共文化服务体系建设，积极推进京津冀公共文化服务示范工程，促进文化产业融合与资源共享，加大文化精品工程建设支持力度，突出文化创意产业园区的带动作用，本文对海淀区文化创意产业"7+2"个园区的文化创意企业进行了调查，受访园区包括清华科技园（局部）（包括搜狐网络大厦、创新大厦、学研大厦、启迪大厦四座建筑物中的文化创意企业）、甘家口创意设计服务功能区、北太平庄影视产业功能区、西山文化创意大道功能区、中关村创意产业先导基地（以下简称"中关村创业大街"）、中关村软件园、中关村海淀园文化科技融合示范功能区（以下简称"海淀园"），7个指定的文化产业园和北京国际文化创意传播基地（以下简称"北外科技园"）、中关村智造大街。由于报告中大部分园区包括在中关村海淀园中，因此不再对海淀园进行重复分析，即"6+2"个园区。

根据园区实际情况，采集了4个园区（清华科技园（局部）、甘家口创意设计服务功能区、西山文化创意大道功能区、北太平庄影视产业功能区）的主要数据，包括单位数、营业收入、资产、营业利润、税金、从业人员等及其派生指标，收集2个园区（中关村软件园、北外科技园）的核心信息（营业收入、从业人员、单位数、营业利润、税金），汇总了2个园区（中关村创业大街、中关村智造大街）的发展情况，初步描绘出各园区的发展情况，找出园区发展特点，揭示园区的核心竞争力，为研究进一步推动园区发展提供决策参考。现将主要汇总结果及情况分析报告如下。

一、文化创意产业园区发展基本情况

2016年园区企业收入持续增长，所缴税金增长较快，营业利润增减不一，差异较大，园区优惠政策需进一步落实。

表1　2016年海淀区各园区企业基础发展数据

项目	合计	清华科技园	甘家口创意设计服务功能区	北太平庄影视产业功能区	西山文化创意大道功能区	中关村软件园	中关村创业大街①	中关村智造大街②	北外科技园
企业数（家）	1964	130	832	302	122	532	——	——	46
从业人员（万人）	11.4	1.0	2.6	1.2	0.2	6.4			0.03
收入（亿元）	2236.1	101.7	217.4	71.2	11.2	1819.4			15.2
税金（亿元）	96.2	7.1	13.1	3.3	0.1	71.5*			1.1*
营业利润（亿元）	200.9	20.2	3.2	-3.2	1.6	177.3			1.8*
资产（亿元）	3945.0	406.6	441.1	101.8	10.5	2955*			30.0

注：* 为估算数据。

"6+2"个园区企业总收入呈上升趋势，同比增长14.4%。其中，清华科技园、甘家口创意设计服务功能区、北太平庄影视产业功能区、西山文化创意大道功能区4个园区总收入达到401.5亿元，较2015年增长18.9%。税金方面，清华科技园、甘家口创意设计服务功能区、北太平庄影视产业功能区、西山文化创意大道功能区4个园区总税金达到23.6亿元，增长21.0%。营业利润方面，清华科技园、甘家口创意设计服务功能区、北太平庄影视产业功能区、西山文化创意大道功能区4个园区总营业利润仅为21.8亿元，同比下降45.5%；中关村软件园实现营业利润177.3亿元，同比增长18.9%。在营业收入上升、税金增长的背景下，企业营业利润有升有降，说明产业园区的优惠政策还未全面落实到位，需要进一步跟踪调查。

（一）产业规模

1. 园区实现总收入2236.1亿元

调查显示，2016年受访园区总收入达到2236.1亿元，比2015年增长了

---

① 中关村创业大街发展模式与其他6个园区有较大差异，主要功能在于企业初创期的孵化和培育，因此不做相关指标的统计。
② 中关村智造大街发展模式与其他6个园区有较大差异，主要功能在于智能智造新兴领域的产业孵化和培育，因此不做相关指标的统计。

14.4%。其中，中关村软件园收入 1819.4 亿元，较 2015 年增长 13.5%；清华科技园收入 101.7 亿元，较 2015 年增长 79.4%，[①] 增长率较高，其原因在于新增个别规模较大的企业；甘家口创意设计服务功能区收入 217.4 亿元，较 2015 年增长 15.4%；北太平庄影视产业功能区收入 71.2 亿元，较 2015 年下降 17.5%；西山文化创意大道功能区收入 11.2 亿元，较 2015 年增长 84.4%，增长率较高，其原因在于个别规模以上企业收入增长较快，经济效益较好；北外科技园收入 15.2 亿元，较 2015 年增长 10.9%（如图 1）。

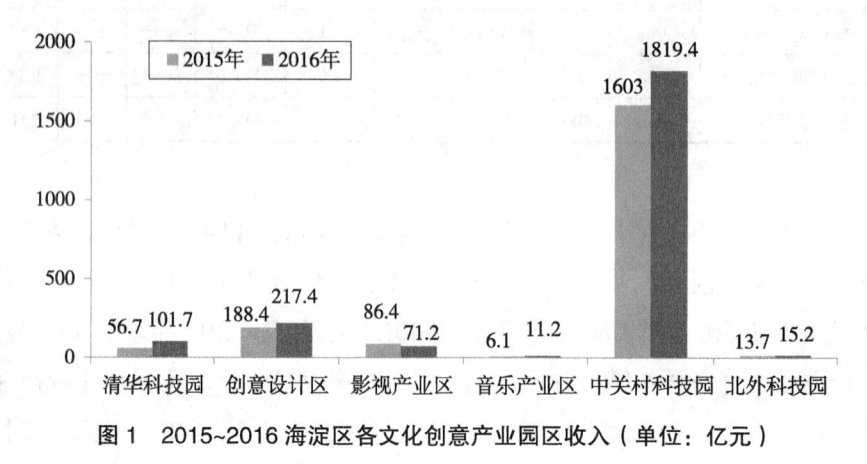

图 1　2015~2016 海淀区各文化创意产业园区收入（单位：亿元）

2. 园区实现总营业利润 200.9 亿元

调查显示，2016 年受访园区总营业利润达到 200.9 亿元，比 2015 年增长了 7.0%。其中，中关村软件园营业利润 177.3 亿元，较 2015 年增长 18.9%；清华科技园营业利润 20.2 亿元，较 2015 年下降 33.9%，[②] 下滑较为明显，主要原因在于规模以上企业变动所致；甘家口创意设计服务功能区营业利润 3.2 亿元，较 2015 年下降 54.8%；北太平庄影视产业功能区营业利润 -3.2 亿元，较 2015 年下降 239.3%；西山文化创意大道功能区营业利润 1.6 亿元，较 2015 年增长 681.4%（如图 2）。

---

① 其中，对 2015~2016 年未变动企业名单进行比对，收入增长率为 14.0%。
② 其中，对 2015~2016 年未变动企业名单进行比对，利润增长率为 6.9%。

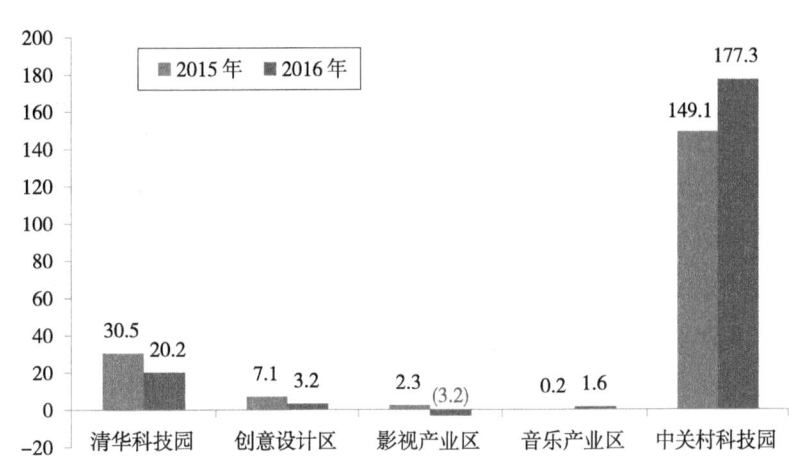

图 2　2015~2016 海淀区各文化创意产业园区营业利润（单位：亿元）

（二）产业结构

2016 年，海淀区文化创意产业园区体现出以大规模企业为主体，以软件信息技术服务行业为主导的产业结构特征。

1. 清华科技园

2016 年，清华科技园（局部）软件、网络及计算机服务行业的企业最多，达到 65 家，占园区企业总数的 50%；其中，规模以上企业 23 家，占园区规模以上企业总数的 76.7%。2016 年末，从业人员 9633 人，其中，规模以上企业 8099 人，占从业人员总数的 84.1%。全年实现营业收入 101.7 亿元，其中，规模以上企业实现收入 99.0 亿元，占 97.3%。值得注意的是，软件、网络及计算机服务行业实现收入 96.9 亿元，占收入总数的 95.3%。

2. 甘家口创意设计服务功能区

2016 年，甘家口创意设计服务功能区符合功能区概念的设计服务和广告会展两个行业企业数量占园区企业总数的 36.7%，较 2015 年上升 2.6 个百分点。2016 年末，甘家口创意设计服务功能区从业人员 26061 人，其中，规模以上 18899 人，占从业人员总数的 72.5%。全年实现营业收入 217.4 亿元，其中，规模以上实现收入 201.1 亿元，占收入总数的 92.3%。但符合功能区概念的设计服务、广告和会展服务两个行业企业营业收入占该园区总收入的 42.8%。

3. 北太平庄影视产业功能区

2016年，北太平庄影视产业功能区中广播电视电影服务行业的企业为65家，较2015年增加10家，占园区企业总数的21.5%；其中，规模以上企业12家。2015年末，北太平庄影视产业功能区从业人员有12209人，其中，规模以上企业10529人，占从业人员总数的86.2%。实现营业收入71.2亿元，其中规模以上企业占94.0%。值得注意的是，规模以上广播电视电影服务行业实现收入27.8亿元，占收入总数的39.0%，较2015年高出21.3个百分点，北太平庄影视产业功能区的聚集功能有所改善，其中，文化休闲娱乐服务企业收入占比为0.002%，艺术品生产与销售服务行业为0.01%。

4. 西山文化创意大道功能区

2016年，西山文化创意大道功能区从业人员有4912人，其中，规模以上企业1583人，占32.2%。全年实现营业收入11.2亿元，其中，规模以上企业占77.4%。各行业的收入结构中，其中软件、网络计算机服务行业占比增长较快，从2015年的21.6%增加到2016年的74.5%，增长了52.9个百分点。园区企业的平均营业收入为922万元；其中，规模以上为8041万元，规模以下为152万元，企业规模仍具有显著差距。园区企业平均劳动生产率为48.1万元/人。

5. 中关村软件园

中关村软件园内大型企业收入达到1733.9亿元，占园区总收入的95.3%。园区有10家上市企业，上市企业收入达到1699.3亿元，占园区总收入的93.4%。软件与服务业收入中，软件产品收入占比最高，达到53.8%；其次是软件技术咨询服务，占20.7%。

二、集聚情况

（一）企业数量及分布情况

1. 清华科技园

2016年，清华科技园拥有企业130家，其中规模以上企业29家，规模以下企业101家。排在前十位的企业收入达到94.7亿元，占园区企业总收入的93.1%；拥有资产164.6亿元，占园区企业总资产的40.5%；从业人员达到7056人，占园区总人数的74.0%。核心企业集中度较高。排在前十位企业分布在软件和信息技术服务和文化艺术服务行业。其中，软件网络及计算机服务行业数量多，达到9家，占总数的90%。

2. 甘家口创意设计服务功能区

2016年，甘家口创意设计服务功能区拥有企业832家，其中规模以上企业121家。排在前15位的企业收入达到181.7亿元，占园区企业总收入的83.6%；拥有资产319.4亿元，占园区企业总资产的72.4%；从业人员达到14586人，占园区总人数的56.0%。核心企业集中度较高。排在前十五位的企业分布在广告和会展服务、软件网络及计算机服务和设计服务行业。其中，广告会展行业2家，设计服务行业2家，两个行业企业数占比不足三成，其余企业均为软件网络及计算机服务行业，创意设计服务功能不明显。

3. 北太平庄影视产业功能区

2016年，北太平庄影视产业功能区拥有企业302家，其中规模以上企业34家，规模以下企业268家。排在前十位的企业收入达到58.3亿元，占园区企业总收入的81.9%；拥有资产82.7亿元，占园区企业总资产的81.3%；从业人员达到10286人，占园区总人数的84.3%。排在前10的企业中，有4家公司在广播电视电影行业，1家新闻出版发行行业，2家国家知识产权管理机构。园区核心企业与产业功能区定位较为一致，园区影视产业功能有所改善。

4. 西山文化创意大道功能区

2016年，西山文化创意大道功能区拥有企业122家，其中规模以上企业9家。排在前十位的企业收入达到9.0亿元，占园区企业总收入的80.2%；拥有资产6.9亿元，占园区企业总资产的65.9%；从业人员达到1621人，占园区总人数的69.3%。核心企业集中度较高，其中，个别企业发展较快，处于新兴领域，但业务与文化创意关联度不高，需要进一步加强引导和监测。排在前十位的企业中，文化艺术行业仅有2家，占比仅为20%，较2015年有所改善，产业特征逐步形成。

5. 中关村软件园

2016年，中关村软件园区内企业总数为532家，比2015年增加了129家。

大型企业41家，占园区企业总数的7.7%；其中，收入过十亿元的企业有18家，中型企业32家，占园区企业总数的6.0%；小型企业最多，占比为46.1%；微型企业占40.1%。总部在园的企业共计376家，占86.7%。

（二）园区集聚特征

1. 清华科技园

清华科技园的企业平均收入为7916万元；其中，规模以上企业平均收入为34468万元。企业平均劳动生产率[①]为101.7万元/人；其中，规模以上企业平均劳动生产率为123.8万元/人。值得注意的是，作为清华科技园的龙头行业软件网络及计算机服务行业中企业平均劳动生产率为112.0万元/人；其中，规模以上企业为125.5万元/人，较海淀区软件、网络及计算机行业中企业平均劳动生产率[②]高出34.9万元/人，显示出较高的劳动效率。

清华科技园主导行业仍然为软件网络及计算机服务行业。行业内企业规模大，劳动效率高，具有明显的科技创新特征。

2. 甘家口创意设计服务功能区

2016年，甘家口创意设计服务功能区企业的平均营业收入为2613万元；其中，规模以上为15632万元。企业平均劳动生产率为83.6万元/人；其中，规模以上企业平均劳动生产率为105.8万元/人，略高于海淀区文化创意产业企业平均劳动生产率0.9万元/人；规模以下企业平均劳动生产率为23.1万元/人，与2015年基本持平。

甘家口创意设计服务功能区劳动生产率不高，主导行业仍为软件网络及计算机服务行业，企业集聚功能有所提高。符合功能区概念的设计服务行业和广告会展行业收入占比从2015年的45.8%下降到42.8%。

[①] 平均劳动生产率＝收入/从业人员数。
[②] 2016年，海淀区软件、网络及计算机行业中企业平均劳动生产率为90.6万元/人。

3. 北太平庄影视产业功能区

2016年，北太平庄影视产业功能区园区企业的平均营业收入为2359万元；其中，规模以上企业平均收入为19912万元，规模以下企业平均收入为165万元。园区企业平均劳动生产率为59.3万元/人；其中，规模以上企业平均劳动生产率为64.3万元/人，低于海淀区文化创意产业平均劳动生产率[①]40.6万元/人；规模以下企业平均劳动生产率为103.4万元/人。值得注意的是，广播电视电影行业中企业平均劳动生产率为106.7万元/人；其中，规模以上企业为135.8万元/人，较2015年有所提升，但较海淀区广播电视电影行业中企业平均劳动生产率[②]低89.3万元/人。

北太平庄影视产业功能区行业集中度有所改善，行业特征明显。在排名前10家的企业中，涉及重点发展的广播电视电影行业企业有7家，在所有企业中占70%。但区内该行业核心企业仍未纳入到北太平庄影视产业功能区。

4. 西山文化创意大道功能区

2016年，西山文化创意大道功能区企业的平均营业收入为918万元；其中，规模以上为10103万元，规模以下为182.7万元，企业规模差距显著。企业平均劳动生产率为48.1万元/人；其中，规模以上企业平均劳动生产率为55.6万元/人。文化艺术行业企业平均劳动生产率为26.0万元/人。产业功能区企业规模小，集中度较低，劳动生产率不高。但是企业收入增长较快，税收有所下降，企业利润增长率偏高，呈现较为明显的园区创业期特征，需要相关政策积极引导和持续监管，保证园区企业的健康发展。

5. 北外科技园

2016年，北外科技园立足国家发展战略，结合大学发展战略需求，在数字出版、国际教育、多语言服务和文化创意产业领域，形成了园区独特的产业定位。园区吸引入驻集团企业、行业龙头企业、中关村科技园高新技术企业等46家。知名企业有：中国建设银行北外支行、外语教学与研究出版社有限责任公司、北外国际教育集团、英华博译（北京）信息技术

---

① 2016年，海淀区文化创意产业企业平均劳动生产率为104.9万元/人。
② 2016年，海淀区广播电视电影行业中企业平均劳动生产率为225.1万元/人。

有限公司、北京外研讯飞教育科技有限公司、北京贝拉国际教育科技有限公司等。为了强化园区的产业聚集效应，北外科技园与外研社联合申办集中办公区，2017年内有望孵化新增符合科技园产业定位方向的中小微企业250家。

6. 中关村创业大街

中关村创业大街全长220米，建筑面积4.5万平方米。作为北京市"一城三街"的重要组成部分，中关村创业大街于2014年6月12日正式开街。开街以来，中关村创业大街按照"政府引导、市场化运作"的方式，向着构建全球创新创业生态圈，着力建设以产业创新和全球创新为特征的全球创新创业高地，打造创业服务集聚区、科技企业发源地、创业文化圣地、创业者精神家园的方向稳步推进，初步取得了良好成效。

三年来，中关村创业大街及入驻机构累计孵化团队1900家，获得融资743个，融资成功率39%，总融资额91.04亿元，融资超过1亿元的40多家，独角兽企业2家。

作为全国大众创业万众创新的策源地，中关村创业大街以创新创业需求为导向，积极推动政府、大企业、资本、创新创业者对接和融合，打造集"2+5"功能于一体的全链条创新创业服务体系，逐步形成了多元的蓬勃发展的创新创业生态。"2"为两大核心功能，即创业投融资和创业展示；"5"为五大重点功能，分别为创业交流、创业会客厅、创业媒体、专业孵化和创业培训。目前，街区汇聚了包括车库咖啡、3W咖啡、联想之星、36氪、创业黑马在内的45家国内外优秀创业服务机构，联合30多家大企业、50多家高校、2000多家风险投资机构等各类合作方，不断探索模式创新和服务升级，打造各具特色的创新创业服务，在各个垂直领域形成矩阵式服务体系。同时，中关村创业大街及入驻机构在国内分支总数超过100家，向全国输出创新创业理念、服务与资源。

作为全球创新创业地标，中关村创业大街积极链接全球创新资源，建设全球创新平台，持续拓展国际合作网络，加快从本地运营向全球创新升级。中关村创业大街及入驻机构在海外分支机构与办公室近10家，与美国、以色列、芬兰、瑞典、法国、新加坡、澳大利亚、印度等20余个国家和地区的 30 余个机构开展合作，吸引全球创新资源和人才汇聚，助力高精尖技术与项目落地，积极打造成为全球创新资源进入中国的窗口和平台。

作为"平台的平台"，中关村创业大街以资源聚合为中心，从机构集聚向产业资源、全球资源聚合升级。目前街区已发展形成以入驻机构为主体，以创业会客厅、创新展示中心等公共服务平台为支撑的生态式服务体系。其中，创业会客厅在全国首创"政府政务服务＋社会专业服务"运营模式，线上线下融合了来自政府、社会 200 多个服务机构的 300 余项服务。未来，中关村创业大街将进一步构筑与全球创新项目、服务机构、行业领袖企业的纽带关系，围绕"产业—投资—双创"形成深度合作的资源网络，培育产业创新的土壤。

3W 咖啡作为中关村创业大街中的知名企业，致力于"互联网＋"类型企业的创新创业孵化和服务。3W 在北京累计孵化企业项目 200 余个，目前中关村创业大街在孵企业有 52 家。涵盖智能硬件、文化设计、自媒体、软件技术开发及生活服务类行业领域；开展创业与创新能力培训活动 200 余场、聚焦移动互联网应用的行业沙龙和深度论坛 50 多次，举办项目路演和创业大赛共计 100 多次、举办财法税和知识产权相关讲座 20 余次。除此之外，企业整合外部服务资源 1000 余家，其中合作服务商 300 多家、投资机构及天使投资人 120 多家、全国媒体合作渠道逾 500 家、外聘专家和导师上百位。

企业具有一定的示范和辐射作用。全国范围内共落地 16 个空间，总面积逾 50000 平方米，7000 多个工位；其中北京 2 家（海淀区＋朝阳区），面积近 5000 平方米。

7. 中关村智造大街

中关村智造大街是中国首个智能制造街区，北起双清路、南至成府路，全长 380 米，周围云集着清华大学、北京大学、北京航空航天大学、中国科学院等高校院所，成为北京市高端人才聚集的核心区。该街区主打"硬科技"孵化，已经成为中国首个汇集"智能制造"创新创业资源的街区，是中国智能制造创新高地。

经过一年多的运行，中关村智造大街注册企业 88 家，入驻率超过

95%,整体入驻企业及项目共计368个。项目涵盖MEMS传感器、量子点芯片、人工智能、工业大数据安全等。目前,全球首款消费级模块化机器人CellRobot、国际最先进的语义分析系统深度好奇、新一代微型双光子荧光显微镜等国际关注的"高精尖"原创技术,已经在中关村智造大街集聚。

街区建立了以敏捷制造快制中心、产品创意工业设计、技术研发方案设计、检验检测标准认证、产品中试中小批量、协同创新科技服务和市场推广品牌提升为核心的"北斗七星服务链",并提供一站式精准服务,形成全国首创的服务模式。

据不完全统计,仅中关村智造大街快制中心实验室一年的服务量达到了3000余次,日均完成智能硬件试验十余次,被认定为中国电子技术标准化研究院第十二家专业实验室,这也让快制中心成了大街最繁忙的机构之一。

中关村智造大街聚集了不少国际领军机构,专注于科技型创业团队孵化和投资的机构PlugandPlay去年入驻该街区,机构已经累计投资孵化超过300家中国创业团队,并从美国硅谷、德国、俄罗斯以及PlugandPlay在全球其他国家的孵化器引进了超过100个科技项目进入中国。

8. 中关村软件园

2016年,中关村软件园内国家规划布局的重点软件企业23家,占企业总数的4.3%;上市企业47家,占企业总数的8.8%;收入过亿的企业60家,占企业总数的11.3%,其中,过10亿的企业18家;瞪羚企业35家,占企业总数的6.6%;十百千工程企业26家,占企业总数的4.9%;双软认定企业156家,占企业总数的29.3%;高新技术企业138家,占企业总数的25.9%;中国软件百强企业11家,占企业总数的2.1%;留创企业30家,占企业总数的5.6%;博士后工作站10个。

三、自主创新能力

2016年,园区企业研发总投入218.4亿元,较2015年增长16.4%。新增知识产权4827项,较2015年增加3480项;其中,新申请专利4400项,较2015年增加3428项，新增版权427项，较2015年增加52项。园区中硕士及以上学历的从业人员占比达到20.2%，与专家或科研机构合作的企业比例为14.8%。

（一）研发投入

2016年，各园区投入研发的经费有所增长。清华科技园研发投入达到6.4亿元，同比增长6.7%，占园区总研发投入的2.9%。甘家口创意设计服务功能区研发投入达到6.1亿元，同比增长13.0%，占园区总研发投入的2.8%。北太平庄影视产业功能区研发投入达到0.7亿元，同比下降30.0%，占园区总研发投入的0.3%。西山文化创意大道功能区研发投入达到0.2亿元，同比下降33.3%，占园区总研发投入的0.1%。中关村软件园研发投入达到205亿元，同比增长17.1%，占园区总研发投入的93.9%。

（二）新增知识产权

1.新增专利情况

2016年，园区新增专利情况有所好转，特别是中关村软件园，发展情况尤为突出。清华科技园新增专利达到35项，较去年减少149项，占园区总新增专利的0.8%。甘家口创意设计服务功能区新增专利达到26项，较去年增加5项，占园区总新增专利的0.6%。北太平庄影视产业功能区新增专利达到7项，较去年减少5项，占"园区总新增专利的0.1%。西山文化创意大道功能区新增专利为0项，较去年减少12项。中关村软件园新增专利达到4332项，同比增长3589项，占园区总新增专利的98.5%。可以看出，绝大多数园区新增专利波动较大，没有明显的规律可循。

2.新增版权情况

2016年，各园区新增版权情况有所好转。清华科技园新增版权达到31项，较去年增加5项，占园区总新增版权的7.3%。甘家口创意设计服务功能区新增版权达到33项，较去年减少178项，占园区总新增版权的7.7%。北太平庄影视产业功能区新增版权达到34项，较去年增加29项，占园区总新增版权的8.0%。西山文化创意大道功能区新增版权为0项，较去年减少

4项。中关村软件园新增版权达到329项，较去年增加200项，占园区总新增版权的77.0%。可以看出，绝大多数园区新增版权波动较大，没有明显的规律可循。

综上所述，园区新增知识产权发展与园区企业规模、企业是否处于新型业态具有一定的相关性。园区企业规模越大，企业业务越接近于新型业态，新增知识产权能力越强，而研发投入效益的显现需要一定时间跨度。

（三）人才质量

1. 硕士以上人才情况

2016年，园区总体上硕士以上从业人员占比达到两成。清华科技园硕士以上从业人员占园区从业人员的15.6%，占园区总硕士以上从业人员的5.9%。甘家口创意设计服务功能区硕士以上从业人员占园区从业人员的7.8%，占园区总硕士以上从业人员的3.0%。北太平庄影视产业功能区硕士以上从业人员占园区从业人员的50.9%，[①]占园区总硕士以上从业人员的15.6%。西山文化创意大道功能区硕士以上从业人员占园区从业人员的4.5%，占园区总硕士以上从业人员的0.2%。中关村软件园硕士以上从业人员占园区从业人员的19.6%，占园区总硕士以上从业人员的75.3%。

2. 与专家或科研机构合作情况

2016年，园区企业与专家或科研机构合作的比例有所增加。清华科技园与专家或科研机构有合作的企业占比[②]为12.9%，占园区与专家或科研机构合作总数的16.2%。甘家口创意设计服务功能区与专家或科研机构有合作的企业占比为10.6%，占园区与专家或科研机构合作总数的32.4%。北太平庄影视产业功能区与专家或科研机构有合作的企业占比为25.4%，占园区与专家或科研机构合作总数的47.1%。西山文化创意大道功能区与专家或科研机构有合作的企业占比为7.3%，占园区与专家或科研机构合作总数的4.4%。中关村软件园拥有高端人才93人，其中，享受国务院特殊津贴15

---

① 影视产业功能区硕士及以上从业人员比例过高是由于个别企业规模大，从业人员多，且学历要求高（硕士及以上从业人员占比达到85%）所致。
② 园区与专家或科研机构有合作的企业占比=园区与专家或科研机构有合作的企业数量/园区企业总数。

人、千人计划 21 人、海聚工程 23 人、高聚工程 18 人、"科技北京"领军人才 7 人、院士 5 人。高端人才主要分布在中核能源科技有限公司、北京计算科学研究中心等大中型企业。

综上所述，园区内规模以上企业的平均收入对硕士及以上从业人员、企业是否与专家或科研机构合作有一定的影响，企业平均收入越高，硕士及以上从业人员比例越高，与专家或科研机构合作的机会越多；反之，亦然。

四、园区经济效率分析

2016 年，从总体上看，除中关村创业大街和中关村智造大街外，其他 6 个园区的人均利润为 19.7 万元 / 人，高于海淀区文化创意产业规模以上企业人均利润[①] 9.8 万元 / 人；收入利税率为 13.6%，低于海淀区文化创意产业规模以上企业收入利税率[②] 0.4 个百分点；全员劳动生产率[③]为 208.6 万元 / 人，高于海淀区文化创意产业规模以上企业全员劳动生产率 103.7 万元 / 人。

1. 人均利润

从人均利润来看，清华科技园人均利润达到 20.2 万元 / 人，同比下降 23.4 万元 / 人，高于文化创意产业人均利润 10.3 万元 / 人。甘家口创意设计服务功能区人均利润达到 1.2 万元 / 人，同比下降 1.8 万元 / 人，远低于文化创意产业人均利润。北太平庄影视产业功能区人均利润为 –2.7 万元 / 人，同比下降 5.0 万元 / 人，远远低于文化创意产业人均利润。西山文化创意大道功能区人均利润达到 8.0 万元 / 人，同比增长 7.0 万元 / 人，略低于文化创意产业人均利润 1.9 万元 / 人。中关村软件园人均利润达到 27.7 万元 / 人，同比增长 0.2 万元 / 人，高于文化创意产业人均利润 17.8 万元 / 人。

---

① 2016 年，海淀区文化创意产业规模以上企业人均利润为 9.9 万元 / 人，以下简称"文化创意产业人均利润"。
② 2016 年，海淀区文化创意产业规模以上企业收入利税率为 14.1%，以下简称"文化创意产业收入利税率"。
③ 2016 年，海淀区文化创意产业规模以上企业全员劳动生产率为 104.9 万元 / 人，以下简称"文化创意产业全员劳动生产率"。

由此可知，中关村软件园和清华科技园的人均利润较高，均达到20万元/人以上，说明劳动效率较高。北太平庄影视产业功能区人均利润为负值，主要是由于该园区企业经营成本较高，与广播电视电影服务行业的特征有关。

2. 收入利税率

从收入利税率来看，清华科技园收入利税率达到26.8%，同比下降38.5个百分点，仍高于文化创意产业收入利税率12.7个百分点。甘家口创意设计服务功能区收入利税率达到7.5%，同比下降1.2个百分点，低于文化创意产业收入利税率6.6个百分点。北太平庄影视产业功能区收入利税率仅为0.1%，同比下降6.5个百分点，远低于文化创意产业收入利税率。西山文化创意大道功能区收入利税率达到15.2%，同比增长8.6个百分点，略高于文化创意产业收入利税率1.1个百分点。中关村软件园收入利税率达到13.7%，同比增长0.5个百分点，略低于海淀区文化创意产业收入利税率0.4个百分点。

由此可知，西山文化创意大道功能区的企业市场环境比较乐观，企业销售收益水平较高，且呈增长趋势。中关村软件园和清华科技园仍保持较高的收入利税率，且园区企业规模较大，在"营改增"税务改革过程中，仍将为海淀区做出较大贡献。北太平庄影视产业功能区收入利税率较低，且呈下降趋势，主要原因是企业运营成本较大，对企业获利能力产生较大影响。

3. 全员劳动生产率

从全员劳动生产率来看，清华科技园全员劳动生产率达到101.7万元/人，同比上升25.6%，略低于海淀区文化创意产业全员劳动生产率3.2万元/人。甘家口创意设计服务功能区全员劳动生产率达到83.6万元/人，同比增长6.5%，低于海淀区文化创意产业全员劳动生产率21.3万元/人。北太平庄影视产业功能区全员劳动生产率达到59.3万元/人，同比下降31.3%，低于海淀区文化创意产业全员劳动生产率41.6万元/人。西山文化创意大道功能区全员劳动生产率达到56.0万元/人，同比增长83.6%，低于海淀区文化创意产业全员劳动生产率48.9万元/人。中关村软件园全员劳动生产率达到 284.3 万元 / 人，同比下降 3.9%，高于海淀区文化创意产业全员劳动生产率 179.4 万元 / 人。

由此可知，除中关村软件园外，其他四个园区的全员劳动生产率均低于海淀区文化创意产业的全员劳动生产率，主要是由于园区内规模以下企业众多。

五、园区评价及需求分析

课题选择四个园区作为样本，对园区吸引力、企业困难及需求、企业入驻的目的进行跟踪调查，结论如下：

（一）园区吸引力要素

2016 年，园区对企业的吸引力主要集中在"基础设施好"和"与企业合作机会多"，即企业选择园区入驻主要是考虑园区环境和所凝聚的市场机会。

清华科技园企业认为园区的基础设施好、与企业合作机会多、优惠的税收政策最为重要。73% 的企业认为基础设施好是吸引企业入驻的重要因素，47% 的企业认为与企业合作机会多是吸引企业入驻的重要因素，32% 的企业认为优惠的税收政策是吸引企业入驻的重要因素，税收的优惠逐渐成为吸引企业入驻的重要因素；值得注意的是，优惠的土地政策并不是企业考虑的主要入驻因素，仅有 5% 的企业选择了优惠的土地政策。

甘家口创意设计服务功能区企业认为园区的基础设施好、与企业合作机会多、政府服务有保障最为重要。53% 的企业认为基础设施好是吸引企业入驻的重要因素，49% 的企业认为与企业合作机会多是吸引企业入驻的重要因素，42% 的企业认为政府服务有保障是吸引企业入驻的重要因素；值得注意的是，仅有 11% 的企业选择优惠的土地政策，是所有备选项中占比最少的一项，且与其他各项的比例差距较大。

北太平庄影视产业功能区企业认为园区的基础设施好、与企业合作机会多、市场信息量大，获取成本低最为重要，52% 的企业认为基础设施好是吸引企业入驻的重要因素，45%的企业认为与企业合作机会多是吸引企业入驻的重要因素，34%的企业认为市场信息量大，获取成本低是吸引企业入驻的重要因素；值得注意的是，园区内企业对各项因素的选择差异较小，选择"基础设施好"的企业最多，为52%，选择"优惠的土地政策"的企业最少，为15%。

西山文化创意大道功能区企业认为园区的政府服务有保障、基础设施好、与企业合作机会多最为重要。44%的企业认为政府服务有保障是吸引企业入驻的重要因素，41%的企业认为基础设施好是吸引企业入驻的重要因素，24%企业认为与企业合作机会多是吸引企业入驻的重要因素；值得注意的是，优惠的税收政策和优惠的土地政策并没有得到园区企业的青睐，分别仅占7%、2%。

（二）企业入驻园区的影响因素

2016年，影响企业入驻园区的因素主要有三个方面，一方面，园区企业希望通过园区做大做强，利用好园区提供的市场氛围，如"提升品牌影响力"；另一方面，企业希望通过园区已经形成的产业规模，进一步降低成本，如"规模经济"。同时，企业也面临一些不利的影响因素，如"地区消费高"。

清华科技园企业认为提升品牌影响力、园区附近消费高和已经形成的规模经济是影响企业入驻园区的主要因素。58%的企业认为提升品牌影响力是园区企业入驻园区动力，由于清华科技园毗邻清华大学，具有良好的品牌效应，因此该园区选择提升品牌影响力的企业较其他园区略多；34%的企业认为园区周边地区消费高；31%的企业认为园区已经形成的规模经济可以有效降低企业运营成本。

甘家口创意设计服务功能区企业认为提升品牌影响力、园区附近消费高和已经形成的规模经济是影响企业入驻园区的主要因素。43%的企业认为提升品牌影响力是园区企业入驻园区的期望之一；35%的企业认为园区周边地区消费高，不利于企业设立办公场所；29%的企业认为园区已经形成的规模经济可以有效降低企业运营成本。值得注意的是，有18%的企业希望通过园区来提升产品价格，而9%的企业选择了贸易自由度高。

北太平庄影视产业功能区企业认为影响企业入驻园区的主要因素有提升品牌影响力、地区消费高和规模经济。44%的企业认为提升品牌影响力是影响企业入驻园区的主要影响因素，因此产业园区的品牌建设和宣传是影响企业入驻园区的重要内容；35%的企业认为地区消费高是企业在园区设立办公场所要解决的问题。北太平庄影视产业功能区的企业相对其他园区来说较大，企业平均收入高，规模大，因此，32%的企业认为园区已经形成规模经济，成为企业在园区设置办公场所的重要参考因素。

西山文化创意大道功能区企业认为影响企业入驻园区的主要因素有提升品牌影响力和地区消费高。32%的企业认为提升品牌影响力是影响企业入驻园区的主要影响因素；29%的企业认为地区消费高不利于企业在园区的发展，导致企业成本上升。由于西山文化创意大道功能区的企业数量相对较少，企业规模相对较小，因此在规模经济方面选择的比例不高，仅为17%。

（三）企业困难及需求

2016年，园区企业的困难主要集中在"劳动力成本上涨"和"市场需求不足"方面，一些企业资金紧张，需要合适的投资合伙人或融资渠道，解决企业现金流问题。

清华科技园企业认为园区的劳动力成本、资金紧张是企业在生产经营和采购活动中面临的主要问题。61%的企业认为劳动力成本上涨是企业目前遇到的最大困难；42%的企业认为资金紧张是企业的迫切要解决的难点。

甘家口创意设计服务功能区企业认为园区的劳动力成本上涨、市场需求不足、资金紧张是企业在生产经营和采购活动中面临的主要问题。65%的企业认为劳动力成本上涨是企业目前遇到的最大困难；47%的企业认为市场需求不足是企业面临的主要难题；44%的企业认为资金是企业的切实需求，需要寻找合适的合作伙伴或融资渠道，解决企业资金紧张问题。值得注意的是，仅有2%的企业选择了汇率波动，与其他各项的比例差距较大。

北太平庄影视产业功能区企业在生产运营和采购活动中遇到的问题较多，选择劳动力成本上涨、资金紧张和市场需求不足三个方面企业均接近或达到半数。其中，56%的企业认为劳动力成本上涨是企业目前遇到的最大困难；55%的企业认为资金紧张是企业的迫切要解决的难题；47%的企业认为市场需求不足，企业生存困难。值得注意的是，园区内有14.3%的企业选择了"汇率波动"。一方面，反映出园区企业在国际贸易中由汇率波动引起的问题逐步得到重视；另一方面，较其他产业园区来说，有相当一部分企业从事对外贸易，是海淀文化走出去的重要基地。

西山文化创意大道功能区企业与清华科技园类似，认为园区的劳动力成本、资金紧张是企业在生产经营和采购活动中面临的主要问题。61%的企业认为劳动力成本上涨是企业目前遇到的最大困难；41%的企业认为资金紧张是企业的迫切要解决的难点。值得注意的是，有近两成的企业选择了其他，说明企业除上述问题外，还面临相当一部分难题以待解决。

六、政策建议

根据各园区的实际情况，有针对性的对9个园区展开调查，得出如下结论：

（1）重新定义"6+2"园区的概念。即6个发展中的园区（包括清华科技园、甘家口创意设计服务功能区、西山文化创意大道功能区、北太平庄影视产业功能区、中关村软件园和北外科技园）和2个创新创业园区（包括中关村创业大街、中关村智造大街）。

园区监测的指标选取和发展情况的描述应适当考虑各园区的发展特点，不适用统一的指标来进行监测。首先，中关村海淀园不仅涵盖海淀区企业，而且涵盖大量海淀区外的企业。同时，中关村海淀园涵盖了其他几个园区的企业，容易造成重复统计，因此建议从9个园区中去掉，不做统计分析。其次，由于中关村创业大街、中关村智造大街两个街区立足于创新创业孵化等企业创业初期的运营及高端制造业等新兴领域的发展，发展特点与其他6个园区有较大差异，因此，建议将剩余的8个园区以"6+2"

模式进行分析。

（2）逐步建立创新创业类园区的监测体系。中关村创业大街和中关村智造大街虽然发展规模较小，但是发展潜力巨大，具有良好的示范效应。建议建立定期监测制度，了解主要经营指标和发展状况。监测指标包括企业营业收入、年末从业人数、资产、利润等指标的同时，增加定期的大型项目路演活动频次、路演项目数量、投资数量、投资金额、孵化器数量、成功转化率等适用于分析创新创业类园区的指标，与发展较为成熟的产业园区相区别。

（3）加快"两街"的转型升级。中关村创业大街已经取得一定的示范效应，建立了展示厅等一系列品牌展示窗口。但是，大街内的企业已经从重点以创新创业项目投融资洽谈交易模式转向企业孵化模式，由于地理位置等原因，企业的孵化器成本较高，难以取得真正的竞争优势，因此建议尽快建立相关监测体系，进一步研究探索新的发展模式。而中关村智造大街由于建立了一系列较为前沿的智能智造实验室，逐步建立其核心竞争力，但缺乏有效的品牌示范，因此建议建立健全智能智造展示厅等宣传渠道，加大宣传力度。

（4）进一步加强园区基础设施建设，着力打造具有品牌特色的示范园区。调查显示，园区基础设施对园区企业具有较大的吸引力。半数以上园区企业选择"基础设施好"作为对企业的吸引力要素。同时，企业选择入驻园区的主要目的是提升企业自身的品牌影响力，因此，园区品牌建设尤为重要，建议从以下几个方面着手，力争建设"世界一流、独具特色"的产业园区。第一，通过论坛、思享会等活动形式，积极邀请业内知名专家、学者，打造园区专业品牌形象，搭建交流平台。第二，积极宣传具有园区特色的知名企业，运用电视、互联网等媒体手段进行推广，逐步建立园区特有的媒体群。第三，逐步调整园区内行业结构，推动园区健康快速发展。

附：各园区四至范围及说明

◆ 1. 名称：清华科技园

空间范围：即中关村海淀园部分区域。包括搜狐网络大厦、创新大厦、学研大厦、启迪大厦四座建筑物。

建筑面积：0.36 平方公里

说明：地处高校及科研机构核心区域，周边拥有 78 所高校；251 处科研院所；全国 1/3 的中科院、工程院院士；200 多所图书馆；50 多家出版社。

◆ 2. 名称：甘家口创意设计服务功能区

空间范围：即展览路片区。北至西直门外大街、东至展览路－车公庄大街－三里河路－百万庄大街－展览馆路，南至阜成门外大街－阜成路，西至首都体育馆南路－增光路－紫竹园南路。

建筑面积：2.72 平方公里

说明：园区内拥有大型建筑、规划龙头企业，如中国建筑设计院、中国城市规划设计研究院。

◆ 3. 名称：北太平庄影视产业功能区

空间范围：即北影、新影集团片区。包括三个部分，一是中央新闻记录电影制片厂范围：北至花园路 18 号院、东至远望楼宾馆西界，南至北太平桥，西至花园路。二是北京科学教育电影制片厂范围：北至板桥头条、东至积水潭医院，南至光泽胡同，西至新街口北大街。三是北京电影学院和北京电影制片厂范围：北至元土城遗址公园、东至花园路，南至北三环西路，西至西土城路。

建筑面积：0.82 平方公里

说明：园区集中了大型影视产业企事业单位，如北京电影制片厂、中央新影集团、北京电影学院、北京科学教育电影制片场等。

◆ 4. 名称：西山文化创意大道功能区

空间范围：全长 7.2 公里，北至西直门外大街、东至西郊机场－常润路，南至阜成门外大街－阜成路，西至西五环，杏石口路、巨山路、旱河路贯穿其间，共 10 个区域。

建筑面积：2.32 平方公里

说明：园区集多媒体艺术、剧场演艺文化、画廊和展示艺术为一体，集聚了马奈草地、坦博艺术中心、北京珠宝首饰研修学院、中间艺术区、益园文创基地、瑞景堂画廊、多媒体创意产业园等众多企事业单位，重点布局演艺、艺术品创作展示交易、酒店会展等三大产业。

◆ 5. 名称：中关村软件园

空间范围：海淀区东北旺

建筑面积：2.6 平方公里

说明：园区集聚了联想（全球）总部、百度、腾讯（北京）总部、新浪总部、亚信科技、华胜天成、文思海辉、博彦科技、软通动力、中科大洋、启明星辰、中核能源、广联达等逾 500 家国内外知名 IT 企业总部和全球研发中心，2016 年新增科大讯飞、国科量子、中国科大、树根互联、华米科技等多家重点龙头企业。

◆ 6. 名称：中关村创业大街

空间范围：街区位于中关村西区核心位置，全长 220 米，北临北四环，西靠苏州街，前身是海淀图书城步行街。

建筑面积：0.045 平方公里。

说明：作为北京市"一城三街"的重要组成部分，中关村创业大街于 2014 年 6 月 12 日正式开街。街区汇聚了包括车库咖啡、3W 咖啡、联想之星、36 氪、创业黑马在内的 45 家国内外优秀创业服务机构。累计孵化团队 1900 家，获得融资 743 个，融资成功率 39%，总融资额 91.04 亿元，融资超过 1 亿元的 40 多家，独角兽企业 2 家（36 氪和 FACE++）。

◆ 7. 名称：北外科技园

空间范围：包含北外国际大厦、北外宾馆和北外体育馆。
建筑面积：约 0.02 平方公里。
说明：立足北京外国语大学品牌优势和多语言资源优势，结合大学战略发展需求，在数字出版、国际教育、多语服务和文化创意产业四个领域，形成了自身的产业发展定位。

◆ 8. 名称：中关村智造大街

空间范围：位于五道口腹地，全长 380 米，北起清华大学东门，南至成府路。

建筑面积：约 0.07 平方公里。

说明：中关村智造大街周边云集清华、北大、北航、中科院等高校科研院所，已成为中国首个汇集"智能制造"创新创业资源的街区。入驻企业及项目涵盖 MEMS 传感器、量子点芯片、人工智能、工业大数据安全等。全球首款消费级模块化机器人 CellRobot、国际最先进的语义分析系统深度好奇、新一代微型双光子荧光显微镜等国际关注的"高精尖"原创技术，"北斗七星服务链"提供一站式精准服务等，已经在中关村智造大街集聚。

海淀区旅游业经济发展研究

海淀区占地面积430.8平方公里，占北京市总面积的2.6%。全区旅游资源丰富：有以西山和香山为代表的风景秀丽的自然景观；有以圆明园、颐和园为代表的闻名遐迩的皇家园林和宗教寺庙；有以中国科学院、清华大学、北京大学为代表的世界一流的知名学府和科研机构；有以苏家坨镇为代表的自然山水、历史人文、都市休闲、民俗旅游为一体的新兴旅游产业带。根据摸底调查显示，全区共拥有193个景区（点）和420个乡村民俗旅游点。

一、旅游产业发展总体情况

2015年，海淀区旅游业继续保持平稳健康发展，产业规模基本稳定，对区域经济增长的贡献率继续保持一定的拉动作用。但包括数据资源在内的旅游资源还有待进一步整合和深度开发，新业态旅游也亟需扶持和加强管理。

从单位数观察，2015年全区旅游业共有旅游单位[①]（包括个体经营户，下同）1646个，比2014年增长3.3%。其中，住宿业904个，比重为54.9%，比上年上升了0.1个百分点；乡村旅游420个，比重为25.5%，下

---

① 注：旅游交通、旅游餐饮及旅游商业无日常统计数据，且本次项目调查也没有这三个方面的内容。因此，单位数、从业人员、接待人数等均不包括上述三项。在相关分析中，有关指标包括了这三个方面，使用的是市旅游委反馈的数据。

降了 0.6 个百分点；旅游景点 193 个，比重为 11.7%，下降了 0.4 个百分点；旅行社 129 个，比重为 7.8%，上升了 0.9 个百分点。

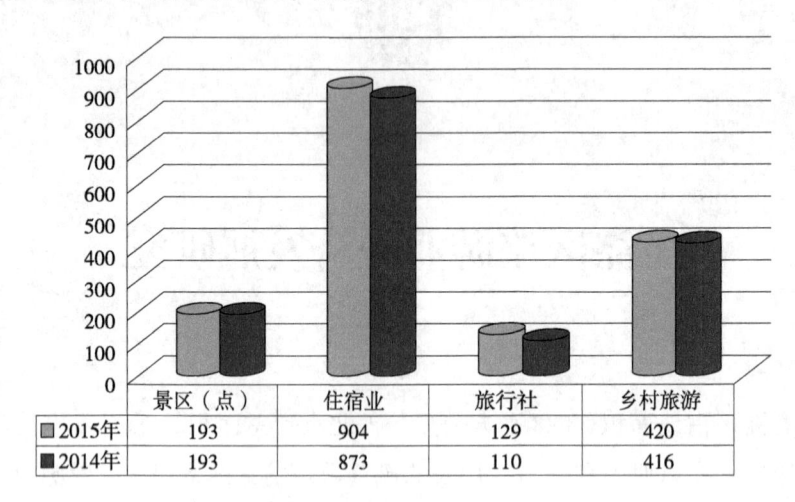

	景区（点）	住宿业	旅行社	乡村旅游
2015年	193	904	129	420
2014年	193	873	110	416

图 1　旅游产业单位（个）

从从业人数方面观察，2015 年旅游业从业人数为 50822 人，比上年下降 2.4%。其中，住宿业 37599 人，比重为 74.0%，比上年下降了 0.7 个百分点；乡村旅游 5178 人，比重为 10.2%，上升了 0.1 个百分点；旅游景点 5282 人，比重为 10.4%，下降了 1.4 个百分点。旅行社 2763 人，比重为 5.4%，上升了 0.8 个百分点。

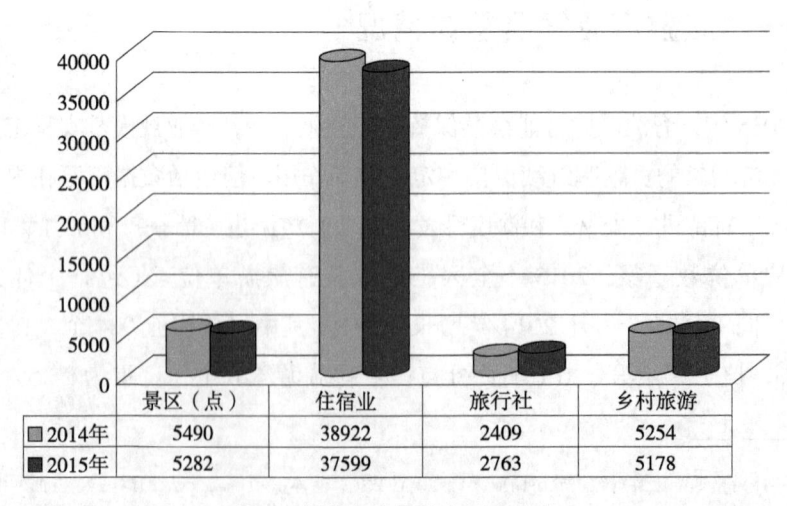

	景区（点）	住宿业	旅行社	乡村旅游
2014年	5490	38922	2409	5254
2015年	5282	37599	2763	5178

图 2　旅游产业从业人员（人）

从营业收入方面观察，2015年全部旅游业营业收入为524.13亿元比2014年增长了7.2%。其中，旅游商业为259.19亿元，增长6.8%，比重高达49.5%，下降了0.2个百分点；住宿业为100.74亿元，增长3.8%，比重为19.2%，下降了0.6个百分点；旅游餐饮58.27亿元，增长6.8%，比重为11.1%，基本持平；旅行社55.82亿元，增长11.0%，比重为10.7%，增长了0.4个百分点；旅游交通37.64亿元，增长17.8%，比重为7.2%，增长了0.7个百分点；景区（点）8.26亿元，增长3.0%，比重为1.6%，基本持平；乡村旅游为4.21亿元，下降6.9%，比重为0.8%，下降了0.1个百分点。

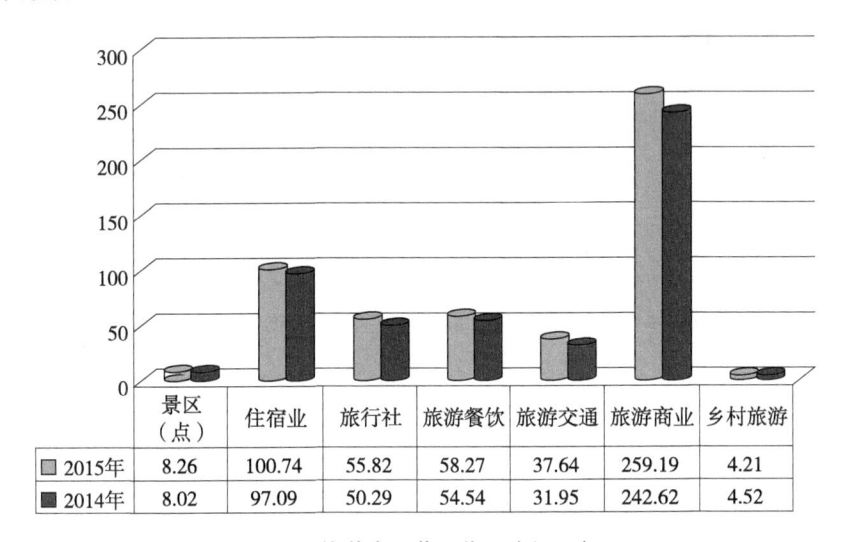

	景区（点）	住宿业	旅行社	旅游餐饮	旅游交通	旅游商业	乡村旅游
2015年	8.26	100.74	55.82	58.27	37.64	259.19	4.21
2014年	8.02	97.09	50.29	54.54	31.95	242.62	4.52

图3 旅游产业营业收入（亿元）

从资产总量方面观察，2015年旅游产业的资产总量[①]253.54亿元的，比上年缩小了0.6%。其中，住宿业204.17亿元，下降3.3%，比重为80.5%，下降了2.3个百分点；旅行社22.93亿元，增长21.5%，比重为9.0%，上升了1.6个百分点；A级以上景区（点）26.44亿元，增长5.9%，比重为10.4%，上升了0.6个百分点。

---

① 仅为住宿业、旅行社和A级以上景区（点）数据。

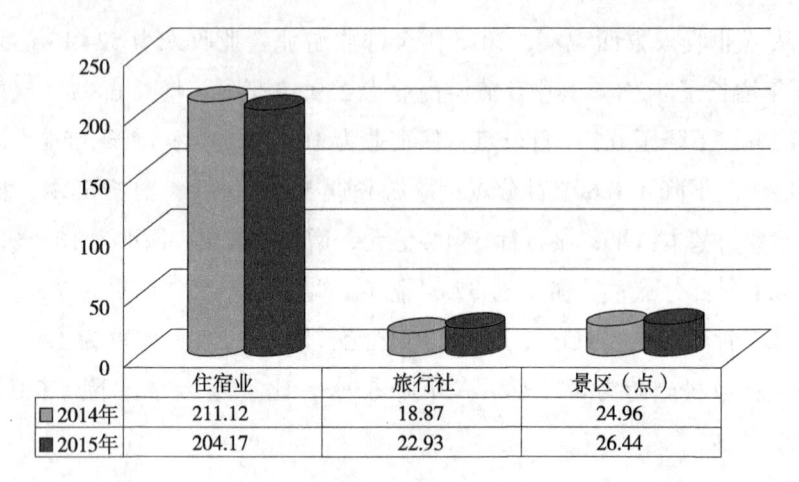

	住宿业	旅行社	景区（点）
2014年	211.12	18.87	24.96
2015年	204.17	22.93	26.44

图4 旅游产业资产（亿元）

从接待人数方面观察，2015年旅游业接待总人数7354.7万人次，比2014年增长2.5%。其中，旅游景区（点）位居首位，达到5686.7万人次，增长0.9%，比重为77.3%，下降了1.2个百分点；住宿业达到1362.0万人次，增长9.2%，比重为18.5%，上升了1.1个百分点；旅行社26万人次，增长8.3%，比重为0.4%，基本持平；乡村旅游280万人次，增长4.5%，比重为3.8%，基本持平。

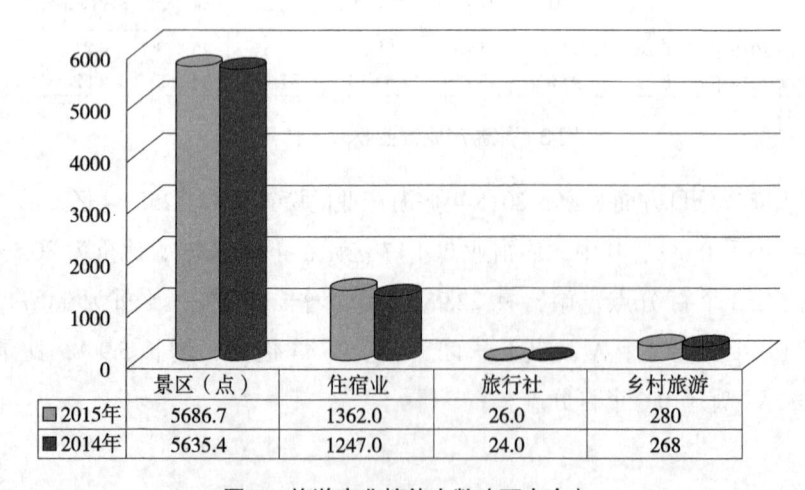

	景区（点）	住宿业	旅行社	乡村旅游
2015年	5686.7	1362.0	26.0	280
2014年	5635.4	1247.0	24.0	268

图5 旅游产业接待人数（万人次）

从区经济发展方面观察，2015年海淀区旅游综合收入524.1亿元，同比增长 7.2%，占北京市旅游营业总收入[①]的 11.3%，居全市各区县第三位。接待游客总人数为 7354.7 万人次，占北京市接待游客总人数[②]的 26.2%，居全市各区县第二位。

从提升人民生活水平方面观察，游客每人次旅游消费 713 元/人，比上年增长 4.5%。据对 176 个景区（点）调查，免票人数和持年、月票人数比上年分别增长了 1.2 和 0.4 倍，郊野公园和寺庙古迹 80% 以上是免费开放的，按 2015 年平均每个景点接待游客 7.7 万人匡算，公益性景点每年接待游客多达数千万人。旅游景区景点的惠民特征突出，社会效益明显。教育旅游、科技旅游和网络旅游服务新业态方兴未艾，对提升国民素质、方便百姓生活也发挥积极作用。

二、行业发展情况

（一）旅行社

截止到 2015 年，全区 129 家旅行社拥有资产 22.93 亿元，比 2014 年增长 21.5%；年平均从业人员为 2733 人，比上年增长 15.2%；全年接待人数 26 万人次，增长 8.3%；实现营业收入 55.82 亿元，增长 11%。

从营业收入的构成看，入境游 3.13 亿元，占 5.6%；出境游 32.52 亿元，占 58.3%；国内游 16.36 亿元，占 30%；其他项目 3.41 亿元，占 6.1%。可以看出，出境游是旅行社收益的主要来源。

从销售渠道看，线上销售达到 8.38 亿元，占 15%，其中有 10 家旅行社全部实现了线上销售服务；线下销售 47.44 亿元，占 85%。

（二）住宿业

截止到 2015 年底，全区共有住宿业 905 家。其中年营业收入在 500 万以上的企业 190 家，占总数的 20.9%，限额以下占 79.1%。与 2014 年相比

---

① 2015 年北京市旅游综合收入 4607.1 亿元。
② 2015 年北京市旅游接待总人次为 2.73 亿人次。

单位数增长 3.8%。

2015 年，住宿业从业人员为 3.76 万人，比上年减少 1323 人，减少 3.4%；接待人数从 2014 年的 1247 万人次升至 1362 万人次，增长 9.2%。

2015 年，住宿业实现营业收入 100.74 亿元，增长 3.8%，扭转了 2014 年营业收入下降的趋势。其中 190 家限额以上企业实现营业收入 83.43 亿元，占到 82.8%。在营业收入的增量中，限上企业占 34.1% 的份额，而限额以下占 65.9%。

从收入构成方面看，住宿业的收入主要来源于客房收入、餐费收入和其他收入。2015 年与 2014 年相比较，客房收入所占比重下降了 1.7 个百分点，其他收入上升了 0.9 个百分点，餐费收入持平。

从人均营业收入方面看，2015 年为 26.8 万元 / 人，比 2014 年的 25.8 万元 / 人，增长 3.9%。

（三）景区（点）

2015 年，全区共有景区（点）193 个，其中 A 级以下的景区（点）176 个，比重高达 91.2%，但实现总收入仅占 1.5%。A 级以下的景区（点）多为公益性的百姓休闲活动场所，如：海淀公园、上地公园等，一般不在政府常规统计范围内。

据统计，2015 年，全区旅游景区（点）接待游客 5687 万人次，比上年增长 3.3%，其中 A 级以上的景区（点）5465 万人次，占接待总人数的 96.1%；A 级以下的景区（点）为 222.2 万人次（不包括公益性景点），仅占 3.9%。2015 年，在接待游客的总人数中，2287 万人次是免票的，占 40.2%，908 万人次是持有年、月票的，占 16%。

2015 年，全区旅游景区（点）实现收入 8.26 亿元，比上年增长 3.0%。A 级以上景区（点）收入占全部景区（点）的 98.5%。

从景区（点）实现收入的构成看，门票收入占 61.8%；商品销售收入占 2.9%；其他收入占 35.3%。可以看出，门票收入是景区（点）收入的主要来源，占到六成多。

（四）乡村旅游

截止到 2015 年底，全区从事乡村旅游服务的有 420 家（包括企业和个体经营户），其中，纳入政府统计范围的旅游企业 89 家，承揽民俗旅游的 72 家，旅游观光园 63 家，摸底调查采集到的 196 家。总户数比上年略有增加。

汇总资料显示，截止到 2015 年底，420 家乡村旅游企业和个体经营户，从业人员达到 5178 人，比上年减员 1.4%；全年接待游客由 2014 年的 268 万人次增加到 280 万人次；实现营业收入 4.21 亿元，下降 6.7%。

从乡村旅游的收入结构剖析（以观光园为例）：2015 年 63 家观光园实现收入 0.45 亿元，其中，出售农产品收入占 51.2%，采摘收入占 35.8%，餐饮收入占 9.2%，其他收入和门票收入占比较小。

（五）新业态旅游

据摸底调查显示，15 家高校机构有参观游览活动，16 家科技公司有网上旅游服务业务。但其主营业务是教育和信息技术服务，不能提供完整的旅游指标的数据资料，故暂不做分析。

三、旅游业发展思考与建议

（一）加强景区景点建设

据摸底调查显示，海淀区景区景点多达 193 家，其中，各类寺庙 86 家，各类公园 45 家，自然景观和历史古迹 14 家；文化聚集区 14 个（包括博物馆、美术馆等）。大多数自然景观、景点规模小，配套服务设施少，缺乏大型文化活动的推动，分散在全区各个角落，亟待系统化、规模化、分步骤、分层次有计划的开发。建议积极配合大西山开发战略，以文化活动为主线，以休闲观光为依托，逐步建立海淀区旅游集团总公司。整体把握全区旅游资源，加强综合开发能力，提高旅游景区（点）的设施服务水平，建成一流的旅游胜地。

据摸底调查显示，海淀区拥有历史文化古迹 8 处。其中，虽不乏圆明园、颐和园等著名的大型皇家园林，但还有一些亟待开发的文化古迹，如清河西汉古城遗址等。这些古迹不仅是中华民族历史发展的见证，也是爱国主义教育的理想场所。建议以爱国主义教育为主线，积极推进爱国主义教育+园林观光、爱国主义教育+休闲农业、爱国主义教育+文化沙龙、爱国主义教育+体验活动等多种形式的基地建设，丰富爱国主义教育内容，讲好北京故事，逐步形成文化旅游新亮点。

公益性公园是免费为市民游览、健身、休闲等活动提供的开放式公共场所。海淀区拥有 36 家免费公园，从南到北分布较为均匀，但缺乏系统规划。建议结合"十三五"北京市整体规划，南侧以小微绿地建设为主线，描绘绿茵成林新景观；北侧以郊野公园建设为主线，形成森林环绕新面貌。

（二）推进乡村旅游集约化发展

截止到 2014 年底，海淀区人口城市化率为 97.8%，人口密度为 8538 人/平方公里。随着城市化进程的加快，乡村旅游业的发展严重地受到土地资源的制约，但仍有加快发展的空间。当前，乡村旅游规模较小，分散经营，设施简陋，营销方式落后。建议有关部门做好规划，整合资源，强化管理，改变传统落后的经营方式，走联合发展之路，建成集娱乐健身、采摘体验、餐饮住宿为一体、环境优美的大型游览休闲基地。对分散的农家乐和小型的民俗村，要进一步加强管理，提高服务水平，营造一个环境整洁、温馨如家的氛围，加大对游客吸引的力度。

（三）积极引导旅游消费

2014 年，海淀区人均 GDP 达 11 万元，人均达 6 万多元（人民币），居民受教育程度也比较高。按照国际相关标准（经验）分析，海淀区居民旅游需求的潜力很大。据有关部门问卷调查的资料显示，海淀区居民在本市旅游的年平均次数为 2.7 次，其中，旅游次数 1~3 次的受访者占 56.5%，6 次以上占 10%。赴外地旅游的年平均为 1.3 次，1~3 次的占 55.3%，一次没有的占 27.2%。建议有关部门采取各种措施，加强宣传引导，激发和释放居民的旅游消费潜力。

（四）构建完善的旅游产业指标体系

从现行的政府统计制度看，旅游业统计很不完备，很多经营活动分散在其他专业统计之中，旅游新业态统计还是空白，因此难以获取旅游产业的规模、速度、效益等完整的统计资料，难以计算产业增加值及对区域经济的拉动作用。建议相关部门组织力量，专门进行研究，尤其是旅游新业态的统计问题。从指标体系的设计到统计口径范围的确定，从数据的搜集整理到测算方法的选定，要有一套严谨的可操作的实施方案，为海淀区旅游产业发展监测体系的运行，提供可靠的数据支撑。

IX

海淀区旅游业新业态经济发展实证研究

案例一：大西山旅游项目发展情况分析

大西山项目规划区域地处北纬40°和东经116°的交汇部位。西部和北部连海淀区界，东至北安河路苏家坨段—温泉路以南山麓—黑龙潭—黑山扈路—北五环—中关村北大街，南到北四环—万柳地、青龙桥街道、香山街道的南界。区域内包括"三山五园"[①]，集人文和自然风光于一体的旅游景区。项目总体定位在国际级、高品质、文化内涵丰富的高端文化休闲旅游功能区，是中关村科学城建设"全国创新核心区"的组成部分。大西山旅游项目的规划和发展，不仅是海淀区旅游核心吸引区域，也是产业发展和资源环境保护的需要。

本次调查受海淀区旅游委委托，结合大西山项目的规划和发展，立足于北京凤凰岭自然风景公园、狂飙乐园（北京汇通诺尔狂飚运动休闲有限公司）、北京鹫峰国家森林公园、北京西山大觉寺管理处4个监测点进行监测，监测指标涉及旅游收入、游客人数、游客对海淀区旅游设施及旅游服务的评价三个方面，采集了全年数据和局部时段数据，比较和分析大西山旅游项目的发展情况，剖析大西山旅游项目发展过程中的主要问题，发掘旅游项目发展中的规律和趋势，为科学决策提供基础数据依据。

---

① 三山是香山、玉泉山、万寿山；五园是：畅春园、圆明园、静明园、静宜园和颐和园。

调查共分为两个部分,一是大西山项目4个监测点的2015~2016年全年发展情况及2017年9月至10月发展情况;二是2017年大西山项目问卷调查,共收集调查问卷200份,其中有效问卷200份,占比为100%。调查对象均为景区游客,范围包括学生、在职人员、退休人员等。

(一)2015~2016年大西山项目发展情况

大西山项目的发展主要从收入、接待人数、接待能力、单位效益、游客消费、旅游高峰期6个方面进行分析,初步描绘出大西山项目的旅游发展情况。

收入 2016年,大西山项目监测的4家单位中,共实现收入2606.2万元,较2015年增长3.2%,占17家监测点总收入的3.1%。从4个监测点收入数据可以看出,门票收入仍为景区的主要收入来源,达到1432.7万元,占总收入的55.0%;其他收入达到1040.1万元,占39.9%;商品销售收入仅为133.4万元,占4.4%。值得注意的是,商品销售收入增长较快,2016年增长率达到98.2%。详见表1:

表1 2015~2016年大西山项目(4个监测点)收入情况

项目	2015年		2016年		增长率(%)
	收入(亿元)	占比(%)	收入(亿元)	占比(%)	
营业收入	2525.1	100	2606.2	100	3.2
门票收入	1366.3	54.1	1432.7	55.0	4.9
商品销售收入	67.3	2.7	133.4	5.1	98.2
其他收入	1091.5	43.2	1040.1	39.9	-4.7

接待人数 2016年,大西山项目共接待游客87.9万人次,较2015年增长24.7%,占17家监测单位①总接待人数的1.5%;其中,免费游客仍为景

---

① 2016年,海淀区共监测17家旅游景点分别为北京昌华森林公园、北京凤凰岭自然风景公园、北京汇通诺尔狂飚运动休闲有限公司、北京鹫峰国家森林公园、北京龙徽葡萄酒博物馆、北京市海淀百望山森林公园、北京市海淀区圆明园管理处、北京市香山公园管理处、北京市颐和园管理处、北京市玉渊潭公园管理处、北京市植物园、北京市紫竹院公园管理处、北京西山大觉寺管理处、北京艺术博物馆、太平洋海底世界博览馆有限公司、中华世纪坛管理中心、中塔有限责任公司。

区的主要游客，达到14.5万人次，占游客总数的16.5%；使用年、月票游览的游客达到6.8万人次，占游客总数的7.7%；接待国外游客0.1万人次，占游客总数的0.1%。值得注意的是，年月票游客数量增长较快，2016年增长率达到47.8%。值得注意的是，北京凤凰岭自然风景公园接待人数达到55.9万人次，占接待总人数的63.7%。详见表2：

表2 2015~2016年大西山项目（4个监测点）游客情况

项目	2015年		2016年		增长率
	数量（万人次）	占比（%）	数量（万人次）	占比（%）	（%）
接待人数	70.4	100	87.9	100	24.7
境外人数	0.07	0.1	0.1	0.1	35.3
免费人数	11.0	15.6	14.5	16.5	31.9
年、月票人数	4.6	6.5	6.8	7.7	47.8

接待能力 2016年，大西山项目的单位平均年接待能力为22万人次，每单位日均接待游客602人次。[①] 其中，免费游客平均年接待能力为3.6万人次，使用年、月票游览的游客为1.7万人次，国外游客0.02万人次。

单位效益 2016年，大西山项目中4家单位的平均收入为651.6万元。其中，北京凤凰岭自然风景公园收入最高，达到1563万元，门票收入是其主要的收入来源，达到1070.9万元，占68.5%；收入少于250万元的景点有2家，分别是北京西山大觉寺管理处和北京鹫峰国家森林公园。

游客消费 2016年，游客平均消费为30元/人次，较2015年下降17.3%。其中，游客平均消费最高的是狂飙乐园（北京汇通诺尔狂飚运动休闲有限公司），达到129.6元/人次，其他收入是其主要的收入来源，占其总收入的68.6%；值得注意的是，北京西山大觉寺管理处人均消费为12.8元/人次，接待人数仅次于北京凤凰岭自然风景公园，达到19.2万人次，经济潜力有待挖掘。

旅游高峰期 从2015年和2016年的监测数据可以看出（如图1），游客数量呈周期性变化，且每年趋势基本相同，具有较为明显的接待游客高

---

① 按照一年365天计算。

峰期和低谷期。其中，4月份和10月份是接待游客的高峰期，1月份和7月份是接待游客的低谷期。每年春季、秋季是旅游的旺季，2016年大西山项目接待游客4月份、10月份分别为15.6万人次、12.0万人次。冬季、夏季进入旅游淡季，1月份、7月份接待游客仅为3.0万人次、3.6万人次。淡旺季接待游客数量相差4倍左右。

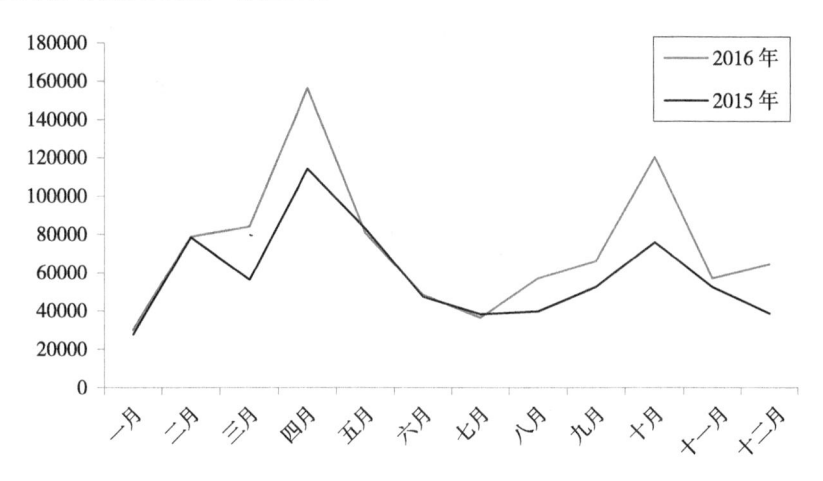

图1 2015年和2016年1月至12月大西山项目接待游客情况分布

从2016年1-12月份各单位接待游客的数量来看（如图2），各单位的旅游淡旺季并不相同。数据显示，北京西山大觉寺管理处在3月、4月、5月、10月是旅游旺季，四个月接待游客9.1万人次，占全年接待游客的一半

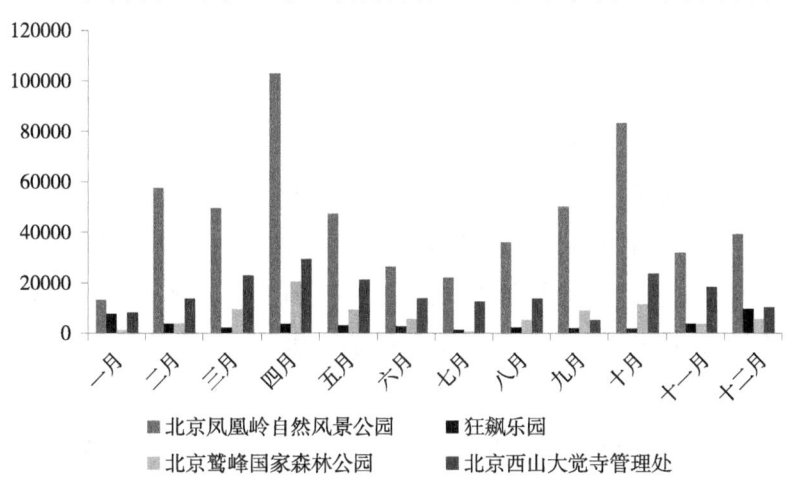

图2 2016年1-12月各单位接待游客数量分布

左右。狂飙乐园（北京汇通诺尔狂飚运动休闲有限公司）12月和1月是旅游旺季，两个月接待游客1.7万人次，占全年接待游客的四成。

（二）2017年大西山项目发展情况

2017年，大西山项目监测对象仍为上述四家单位，由于采集的仅为2017年9月至10月的数据，因此利用2017年9月至10月数据和2015年9月至10月、2016年9月至10月数据及2015~2016年全年数据推算2017年全年数据，如表3：

表3　2017年大西山项目监测数据汇总

项目	2017年	2017年9月至10月	2016年9月至10月	2015年9月至10月
营业收入（亿元）	2748.7*	509.5	404.2	478.7
门票收入（亿元）	1382.8*	263.6	265.4	264.1
商品销售收入（亿元）	264.4*	0.0	0.0	0.0
其他收入（亿元）	1101.5*	245.9	138.8	214.6
接待人数（万人）	92.8*	12.8	18.6	20.5
接待境外人数（万人）	0.0647*	0.0206	0.0300	0.0170
免费人数（万人）	14.8*	2.2	4.0	4.1
年、月票人数（万人）	14.7*	1.2	1.6	3.0

注：*代表推算数据。

2017年，大西山项目监测的4家单位中，共实现营业收入2748.7万元，占17家监测点总收入的3.1%；其中，门票收入仍为景区的主要收入来源，达到1382.8万元，占总收入的50.3%；其他收入达到1101.5万元，占总收入的40.1%；商品销售收入264.4万元，占总收入的9.6%。

2017年，大西山项目共接待游客92.8万人次，占17家监测点总接待人数的1.4%；其中，免费游客仍为景区的主要游客，达到14.8万人次，占游客总数的15.9%；使用年、月票游览的游客达到14.7万人次，占游客总数的15.8%；接待国外游客647人次，占游客总数的0.07%。

2017年，大西山项目的单位平均接待能力为23.2万人次，日均接待游客636人次，^① 较2016年增长5.6%。其中，免费游客平均接待能力为3.7万人次，使用年、月票游览的游客为3.7万人次，国外游客162人次。接待人数最多的单位是北京凤凰岭自然风景公园。

2017年，大西山项目中4家单位的平均收入为687.1万元，游客人均消费29.6元/人次。其中狂飙乐园（北京汇通诺尔狂飚运动休闲有限公司）游客人均消费仍最高，达到90元/人次。北京西山大觉寺管理处营业收入为16.8元/人次，人均消费最低。

（三）问卷调查及分析

本次问卷调查共收集问卷200份，以北京凤凰岭自然风景公园、狂飙乐园（北京汇通诺尔狂飚运动休闲有限公司）、北京鹫峰国家森林公园和北京西山大觉寺管理处的游客为调查对象，以中青年游客为主，展开旅游景点住宿、餐饮、消费、设施及服务评价等方面的调查，调查结果如下：

1. 调查对象基本情况

本次调查的男女比例为5.2∶4.8，男女比例基本一致。从年龄结构看，20以下受访者占7%，20~40岁的受访者占50%，40~60岁受访者占29.5%，60岁以上的受访者占13.5%。需要指出的是，20~60岁受访者占80%，是主要受访年龄段。

2. 游客出行情况分析

游客出行情况主要从信息获取方式、闲暇时间、住宿条件、餐饮情况、消费水平5个方面来分析，重点揭示游客的出行规律和选择的出行方式，以便有针对性的改进相关工作。

信息获取　调查显示，游客获取出游信息的主要途径是网络和熟人介绍，占比分别为32%和34%，从学校和旅行社获取出游信息的仅占10.5%，其他途径获取旅游信息的有23.5%。

结合受访者的年龄分布来看，20~40岁游客、40~60岁游客和60岁以上的游客选择利用网络获取旅游信息的占比呈先升后降趋势，占比分别为

---

① 10-11月按照61天计算。

33%、35.6%和22.2%；从熟人介绍的方式获取旅游信息方面看，20~40岁游客、40~60岁游客和60岁以上的游客的占比呈先降后升趋势，分别为37%、25.4%和40.7%。说明年轻人（20~40岁）、中年人（40~60岁）利用网络进行信息获取的比例高于老年人（60岁以上），且中年人略高于年轻人；60岁以上的游客更倾向于依靠熟人介绍的方式获取旅游信息。由此可见，随着年龄的增加，获取旅游信息的方式有所变化。

闲暇时间　从出行时间上可以看出游客的闲暇时间。调查显示（如图4），六成游客选择周末出游，且随着年龄增长，出游的比例有所下降。即20岁以下受访者中，78.6%的人选择周末出游；20~40岁受访者中65%的人选择周末出游；而60岁以上受访者中，仅有33.3%的受访者周末出游。利用小长假出行的游客占25%，且集中在20~40岁受访者群体。随时都可以出行的游客占23%，60岁以上的老年人比例较高。

从上述分析可以看出，年龄层次的不同拥有的闲暇时间不同，选择的出行时间段也存在一定的差异。

住宿　调查显示，51%的游客选择经济型酒店或客栈，29%的游客选择三星级酒店，10%的游客选择四星级酒店，4%的游客选择五星酒店，6%的游客选择公寓。

从学校或旅行社获取信息的游客，更倾向于选择三星级酒店入住。在40岁以下的游客选择五星级酒店或公寓入住的比例较高，且男性居多。

餐饮　调查显示，游客平均每天餐饮费用为84元。[①]55.5%的游客餐饮费用在51元~100元/天，18.5%的游客选餐饮费用在101元~150元/天，17.5%的游客餐饮费用在0元~50元/天，8.5%的游客餐饮费用在150元~200元/天。

结合游客获取信息途径和住宿情况来看，餐饮消费在150~200元/天的游客大多选择四星级酒店居住，且多从网络获取旅游信息；餐饮消费在50元/天以下的游客更倾向于选择三星级酒店或经济客栈入住。

其他消费　调查显示，除餐饮、住宿、景点门票外，游客在交通和娱乐

---

① 按照选取分组平均数的方法，计算游客平均餐饮费用，即游客平均餐饮费用 =（∑游客人数 * 分组中位数）/ 受访游客总数。

休闲方面消费的人数较多,分别占游客总数的47.6%和46%。购物的游客占比为37.5%。购买导游服务的游客仅占3%。随着每日餐费支出的增加,消费娱乐休闲项目的游客比例呈上升趋势。随着每日餐费支出的增加,需要交通消费的游客比例呈下降趋势。

3. 景点设施及服务评价分析

景点设施和服务的总体评价较好。评价为非常满意和基本满意的游客占游客总数的97.9%,说明景区景点的基础设施情况较好,服务比较周到。如表4:

表4 景点设施及服务满意度评价

	环境和卫生	停车场	公共厕所	残疾人设施	安全提示	导游图	工作人员服务
合计	200	200	200	200	200	200	200
非常满意	100	87	101	92	101	105	116
基本满意	99	108	92	101	95	92	82
不满意	0	5	7	7	4	3	2
非常不满意	1	0	0	0	0	0	0

环境和卫生方面,99.5%的游客评价为非常满意或基本满意,其中,50%游客评价非常满意,49.5%游客评价为基本满意,仅有1人评价非常不满意。说明环境和卫生方面得到绝大多数游客的认可。

停车场方面,97.5%的游客评价为非常满意或基本满意,其中,43.5%游客评价非常满意,54%游客评价为基本满意,仅有2.5%评价不满意,且不满意的游客中有80%是周末出游。说明停车场方面得到绝大多数游客的认可,周末集中出游导致的停车问题依然存在。

公共厕所方面,96.5%的游客评价为非常满意或基本满意,其中,50.5%游客评价非常满意,46%游客评价为基本满意,仅有3.5%评价不满意,且不满意游客中有85.7%是周末出游。说明公共厕所方面得到绝大多数游客的认可,周末集中出游导致公共厕所集中使用的问题依然存在。

残疾人设施方面,96.5%的游客评价为非常满意或基本满意,其中,46%游客评价非常满意,50.5%游客评价为基本满意,仅有3.5%人评价不满意，且不满意游客中主要集中在周末或小长假出行。

安全提示方面，98%的游客评价为非常满意或基本满意，其中，50.5%游客评价非常满意，47.5%游客评价为基本满意，仅有2%评价不满意。

导游图方面，98.5%的游客评价为非常满意或基本满意，其中，52.5%游客评价非常满意，46%游客评价为基本满意，仅有1.5%评价不满意。

工作人员服务方面，99%的游客评价为非常满意或基本满意，其中，58%游客评价非常满意，41%游客评价为基本满意，仅有1%评价不满意。

综上所述，游客对景点的环境和卫生、工作人员服务方面最为满意，其中工作人员服务的非常满意评价比例最高。对公共厕所和残疾人设施评价略低，主要是由于周末和小长假期间集中出游导致。安全提示和导游图方面得到游客的认可，游客满意度达到98%以上。

（四）总结与建议

2015~2017年间，大西山旅游项目稳步发展，增加了车耳营民俗村、阳台山等景点，大西山文化旅游长廊初露端倪。从上述分析可以看出，大西山旅游项目的接待人数较多，且涵盖国内外游客；旅游经济实惠，平均消费不足30元/人次，且逐年呈下降趋势；游客评价较好，对景点设施及服务满意度评价均在95%以上。因此，提出以下几点发展建议：

一是进一步刺激游客消费欲望，增加景点和服务项目。从上述分析可以看出，除北京凤凰岭自然风景公园外，北京西山大觉寺管理处景点游客数量较大，但收入较低，大量的游客并没有拉动景点收入。因此，建议进一步深化旅游产品开发，挖掘游客价值，利用品牌效应和旅游旺季，提升景点收入。

二是加强旅游产品开发，特别是带有特定文化色彩的高端产品开发。调查显示，大西山旅游项目的收入主要来源于门票收入，仅有狂飙乐园（北京汇通诺尔狂飚运动休闲有限公司）有一定的商品销售收入，但该单位收入在4家监测单位收入中占比较低。旅游带动的商品销售往往是旅游经济的重头戏，也是各地区拉动旅游经济的主要内容。加大旅游景点的产品开发，借助景点的客流积极开发具有高端化、国际化特色的旅游产品，是建设高端文化休闲旅游功能区的重要抓手。

三是继续加强景点的基础设施建设，增强服务意识。进一步提高周末、小长假等游客高峰期的临时接待能力，利用大西山地理位置优势和价格策略，积极推进高峰期游客的疏解和引导，有效缓解高峰期的景点接待压力，避免人满为患，临时停车场、公共厕所等基础设施不足的问题。同时，加强"最后一公里"建设，在公交车站和景区之间设立必要的通勤车等交通工具，为老年人、残疾人等行动不便的游客提供便利。

案例二：2017年"国庆节"长假海淀区稻香湖旅游度假区情况分析

稻香湖旅游度假区地处北京市海淀区北部，主体在苏家坨镇界内延伸到上庄镇一部分，南接温泉镇、西北旺镇。度假区内旅游资源丰富，有生态环保的翠湖湿地、上庄水库，田园风光的稻香小镇、田妈妈魔法森林，还有文化与历史并重的曹氏风筝坊、纳兰园。景区内建有集休闲、娱乐、疗养、商务会议于一体的稻香湖景高级酒店，吸引了大量游客，尤其是节假日期间。

2017年国庆假日期间，课题组对稻香湖旅游度假区进行了监测，选取稻香湖景酒店、田妈妈蘑法森林、上庄蘑菇园三个监测点重点监测，现将监测情况汇报如下：

（一）接待人数

表1 2014~2017年10月1日至7日北京稻香湖旅游度假区接待人数情况

年份	合计（人）	增长率（%）	稻香湖景酒店接待人数（人）	上庄蘑菇园接待人数（人）	田妈妈蘑法森林接待人数（人）
2014年	11282	——	9361	1921*	——

① 2017年总接待人数的增长率是稻香湖景酒店接待人数和上庄蘑菇园接待人数之和除以2016年总接待人数。

续表

年份	合计（人）	增长率（%）	稻香湖景酒店接待人数（人）	上庄蘑菇园接待人数（人）	田妈妈蘑法森林接待人数（人）
2015年	19924	76.6	17759	2165*	
2016年	23763	19.3	21323	2440	
2017年	24352	-7.0①	19349	2750	2253

注：* 为推算数据。

2017年10月1日至7日，稻香湖旅游度假区监测点接待人数24352人，同比下降7.0%，占全年接待人数①的8.8%。其中稻香湖景酒店接待人数为19349人，占总接待人数的79.5%，对接待人数的影响较大；上庄蘑菇园接待人数为2750人，占11.3%；田妈妈魔法森林接待人数为2253人，占9.2%。从2014~2017年的增长趋势来看，接待人数增长率呈逐年下降的趋势，说明稻香湖旅游度假区经历了高速成长期，逐渐进入稳定期，接待人数趋于平稳，并伴有小幅下降的趋势。

（二）营业收入

表2　2014~2017年10月1日至7日北京稻香湖旅游度假区营业收入情况

年份	合计（万元）	增长率（%）	营业收入（万元）		
			稻香湖景酒店	上庄蘑菇园	田妈妈蘑法森林
2014年	235.7	——	209.1	26.6*	
2015年	345.2	46.5	323.5	21.7*	——
2016年	199.9	-42.1	168.9	31.0	
2017年	514.7	154.6②	486.0	23.1	5.6

注：* 为推算数据。

2017年10月1日至7日，稻香湖旅游度假区监测点实现营业收入514.8万元，同比增长154.6%，占全年营业收入③的2.4%。其中稻香湖景酒

---

① 2017年全年接待人数推算值为27.8万人。
② 2017年总营业收入增长率是稻香湖景酒店和上庄蘑菇园营业收入之和除以2016年总营业收入。
③ 2017年全年营业收入推算值为21456.3万元。

店营业收入为486.0万元，占稻香湖旅游度假区总收入的94.4%；上庄蘑菇园营业收入为23.1万元，占4.5%；田妈妈魔法森林营业收入为5.6万元，占1.1%。从2014~2017年的增长趋势来看，营业收入增长率波动较大，从2015年的46.5%下降到2016年的-42.1%，下降了近90%，而2016年则增长了154.6%，超过历年营业收入。由于稻香湖景酒店营业收入占度假区总收入的90%以上，且2014~2017年10月1日至7日的营业收入均为统计数据，非推算值，因此，营业收入的波动特征较为准确。

（三）人均消费

2017年10月1日至7日，稻香湖旅游度假区监测点人均消费211.4元，同比增长151.2%。值得注意的是，"十一黄金周"并非游客消费的高峰期，据测算，2017年10月1日至7日稻香湖旅游度假区人均消费仅为全年人均消费[①]的30%。其中稻香湖景酒店10月1日至7日人均消费为251.2元，上庄蘑菇园人均消费为83.9元；田妈妈魔法森林人均消费为25.1元。由此可见，稻香湖景酒店人均消费最高，是田妈妈魔法森林人均消费的10倍左右，主要是经营项目的差异所致。

表3 2014~2017年10月1日至7日北京稻香湖旅游度假区人均消费情况

年份	度假区（元）	增长率（%）	人均消费（元）		
			稻香湖景酒店	上庄蘑菇园	田妈妈魔法森林
2014年	208.9	——	223.4	138.3	
2015年	173.3	-17.0	182.1	100.5	——
2016年	84.1	-51.4	79.2	127.2	
2017年	211.4	151.2	251.2	83.9	25.1

北京稻香湖景酒店是北京稻香湖投资发展有限公司的分公司，酒店由八部两室组成。采取独立经营、独立核算的模式。旅游资源包括：酒店住宿、温泉城堡、大美儿童世界、动物园、鹦鹉园、露营地、非遗展览、卡丁车、马场、哈利农场等。

---

① 2014~2016年人均消费均在700元~800元左右。据推算，2017年稻香湖旅游度假区人均消费为840.8元。

上庄蘑菇园位于海淀区上庄镇东小营 281 号院，始建于 2006 年，占地面积约 4.8 万平方米，南邻上庄水库、翠湖湿地，西邻凤凰岭、阳台山，空气清新，环境优美。主营蘑菇种植及销售产业，常规活动有蘑菇宴、垂钓烧烤、绿色采摘、草坪婚礼、团队活动策划。目前除主营业务之外，打造了农业旅游与科教旅游的概念，将部分大棚改为新增的中小学生多肉植物体验、石磨豆腐、扎染、陶艺等活动项目。利用自用房改造出拥有 40 多间客房的小型宾馆，并可接待小型公司年会。

田妈妈蘑法森林（以下简称"蘑法森林"）以儿童、亲子为主题，主要经营项目有农业种植、采摘及儿童户外拓展实践，已经成为校外实践基地之一。景点总占地面积 300 亩，其中 160 亩为亲子游乐区，140 亩为农业种植区，以"蘑菇+森林"的模式，为 2~7 岁儿童及家庭提供新型户外亲子活动基地。

从 2014~2017 年的增长趋势来看，人均消费增长率波动较大，从 2015 年的 -17.0% 下降到 2016 年的 -51.4%，下降了 30 多个百分点，2016 年则增长了 151.2%。由于稻香湖景酒店在营业收入、接待人数占比较大，且在接待人数略有下降的基础上，营业收入实现大幅增长，因此对人均消费的拉动作用较为明显。从历年稻香湖景酒店的营业收入结构来看，2014~2016 年餐饮和住宿收入占总收入的 71.0%、68.6% 和 64.1%，是其主要的收入来源，而其他收入占比呈逐年上升态势，稻香湖景酒店的收入结构变化值得关注。

（四）问卷调查情况

本次问卷调查向稻香湖景酒店、田妈妈魔法森林、上庄蘑菇园三个景点的进行发放，并回收了 200 份问卷其中稻香湖景酒店 100 份，田妈妈魔法森林 50 份，上庄蘑菇园 50 份。问卷调查采取一对一面访的方式，最终回收有效调查问卷 198 份，有效问卷占比 99%。问卷共设置了 3 个方面 14 个问题，涉及受访者基本信息、旅游情况和对景区景点的评价。

1. 基本情况

从性别看，景区以女性为主。男女比例 37.4∶62.6，女性是男性的两倍左右。从年龄上看,年龄主要集中在 20~60 岁年龄段,占总数的 80.3%。其中,20~40 岁占 51.5%,41~60 岁占 28.8%,61 岁以上占 11.1%,20 岁以下的占 8.6%。因此,20~60 岁是其中的主力军。

2. 出行情况分析

(1) 出游信息获取方式。

调查显示,游客出游信息通过网络介绍的有 27.8%,通过熟人介绍的有 23.7%,通过旅行社推荐的有 7.1%,通过学校了解的有 5.0%,余下通过其他方式获取信息的有 36.4%。从占比中可以看出网络在人们获取出游信息时占据重要位置,所以旅游景点应充分利用网络资源来吸引,其次通过熟人介绍来进行旅游的也有很多,那么这就需要景点提高本身的服务质量,只有好质量才会有好口碑,好的口碑会带来更多的。

(2) 出游时间选择。

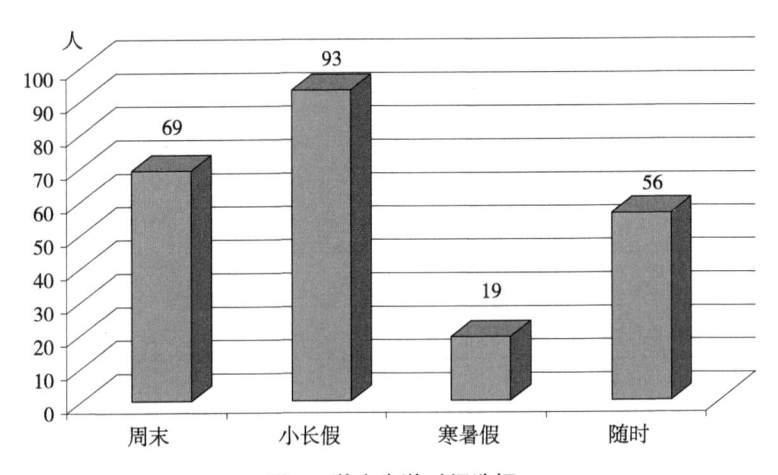

图 1 游客出游时间选择

从图中可以看出,在出游时间安排上排在第一位的是小长假,在 198 人中有 93 人选择了小长假,第二位的是周末,在 198 人中有 69 人选择了周末,其次是随时在 198 人中有 56 人选择了随时,最后是寒暑假,只有 19 人选择了此项。可见主要的旅游时间集中在小长假和周末,而对于时间比较自由的人群则做好了随时出行的打算。

(3) 住宿选择。

表4 游客住宿选择

住宿条件	人数（人）	比例（%）
公寓	5	2.5
经济/客栈	77	38.9
三星/舒适	71	35.9
四星/高档	37	18.7
五星/豪华	8	4.0

从表中可以看出，在对住宿环境的选择上，大多数人的选择都是经济舒适，其次是四星级酒店也就是高档类，而选择五星级奢华类的和最简朴的公寓类的都很少。

（4）餐费的消费水平。

表5 游客餐费的消费水平

人均消费	人数（人）	比例（%）
0元~50元/天	34	17.2
51元~100元/天	88	44.4
101元~150元/天	44	22.2
150元~200元/天	32	16.2

对于餐费的人均消费，有88人选择了51元~100元/天，占总数的44.4%，有44人选择了101元~150元/天，占总数的22.2%，有34人选择了0元~50元/天，占总数的17.2%，有32人选择了150元~200元/天，占总数的16.2%。

（5）消费方向。

从下图中可以看出，在旅游时最多的消费是花在娱乐休闲方面，其次是购物，再次是交通，而导游及其他项目方面上则更少。

图2 游客消费方向

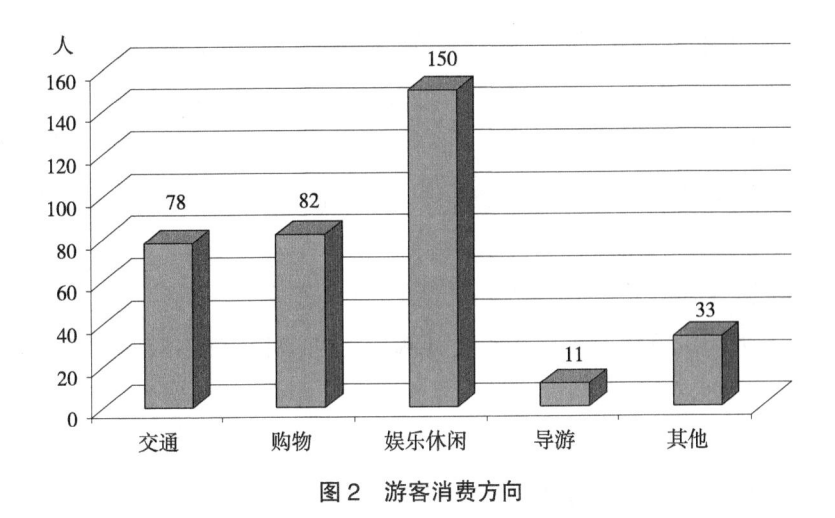

3. 对景点的设施及服务评价

（1）游客对景区景点环境和卫生的整体满意度评价。

从表中可以看出对景区景点环境和卫生感到满意的有197人，占总数的99.5%，其中非常满意的有106人，占总数的53.5%，基本满意的91人，占总数的46.0%，感到不满意的1人，占总数的0.5%，感到非常不满意的0人。

表6 游客对景区景点环境和卫生整体满意度评价

评价	人数（人）	占比（%）
非常满意	106	53.5
基本满意	91	46.0
不满意	1	0.5
非常不满意	0	0

（2）游客对景区景点停车场的整体满意度评价。

表7 游客对景区景点停车场整体满意度评价

评价	人数（人）	占比（%）
非常满意	75	37.9
基本满意	117	59.1
不满意	5	2.5
非常不满意	1	0.5

从表中可以看出对景区景点停车场感到满意的有192人，占总数的97%，其中非常满意的有75人，占总数的37.9%，基本满意的117人，占总数的59.1%，感到不满意的5人，占总数的2.5%，感到非常不满意的1人，占总数的0.5%。反映停车场的停车位数目太少，不能满足使用需求，尤其是节假日停车更困难。

（3）游客对景区景点公共厕所的整体满意度评价。

从表中可以看出对景区景点公共厕所感到满意的有182人，占总数的91.9%，其中非常满意的有82人，占总数的41.4%，基本满意的100人，占总数的50.5%，感到不满意的14人，占总数的7.1%，感到非常不满意的2人，占总数的1.0%。游客主要反映的问题是厕所数量少，排队现象严重。

表8 游客对景区景点公共厕所满意度评价

评价	人数（人）	占比（%）
非常满意	82	41.4
基本满意	100	50.5
不满意	14	7.1
非常不满意	2	1.0

（4）游客对景区景点残疾人设施的整体满意度评价。

表9 游客对景区景点残疾人设施满意度评价

评价	人数（人）	占比（%）
非常满意	90	45.4
基本满意	97	49.0
不满意	10	5.1
非常不满意	1	0.5

从表中可以看出对景区景点残疾人设施感到满意的有187人，占总数的94.4%，其中非常满意的有90人，占总数的45.4%，基本满意的97人，占总数的49.0%，感到不满意的10人，占总数的5.1%，感到非常不满意的1人，占总数的0.5%。反映残疾人设施数量少，不能满足使用需求。

（5）游客对景区景点安全提示的整体满意度评价。

表 10　游客对景区景点安全提示满意度评价

评价	人数（人）	占比（%）
非常满意	104	52.6
基本满意	88	44.4
不满意	6	3.0
非常不满意	0	0

从表中可以看出对景区景点安全提示感到满意的有192人，占总数的97%，其中非常满意的有104人，占总数的52.6%，基本满意的88人，占总数的44.4%，感到不满意的6人，占总数的3.0%，感到非常不满意的0人。

（6）游客对景区景点导游图的整体满意度评价。

从表中可以看出对景区景点导游图感到满意的有190人，占总数的96%，其中非常满意的有115人，占总数的58.1%，基本满意的75人，占总数的37.9%，感到不满意的8人，占总数的4.0%，感到非常不满意的0人。游客主要反映的问题是导游图太少，且图上卫生间的标识不够明确。

表 11　游客对景区景点导游图满意度评价

评价	人数（人）	占比（%）
非常满意	115	58.1
基本满意	75	37.9
不满意	8	4.0
非常不满意	0	0

（7）游客对景区景点工作人员服务的整体满意度评价。

表 12　游客对景区景点工作人员服务满意度评价

评价	人数（人）	占比（%）
非常满意	128	64.7
基本满意	70	35.3
不满意	0	0
非常不满意	0	0

从表中可以看出对景区景点工作人员服务感到满意的198人，其中非常满意的有128人，占总数的64.7%，基本满意的70人，占总数的35.3%，感到不满意的和非常不满意的0人。可见游客对景区景点工作人员的认可度还是比较高的，但与游客的期望可能仍然存在差距。

（五）当前存在的问题

本次调研采用景区景点企业座谈与问卷调查相结合的方式，旨在充分调研企业实际情况和市场反馈，从企业内部和外部市场两个方面分析和判断存在的问题。

（1）从景区景点来看，三个景点存在不同程度的反映出一些问题。一是景点宣传力度不足。稻香湖景酒店仅在亲子市场中享有知名度，别的方面被人们了解的很少。二是景点产品较为单一，服务设施存在一定隐患。上庄蘑菇园采摘农产品种类比较单一，田妈妈魔法森林服务设施尤其是一些孩子用的游乐设施比较粗糙，存在安全隐患。三是交通问题仍较为突出，公共交通及停车场有待改善。三个景点最近的地铁站到景点需要其他交通工具对接，尽管稻香湖酒店在节假日设置了通勤车，但力量仍显不足。现有的停车场停车位数量不足，节假日时尤其紧张，而且酒店内部空间又相当有限。

（2）从调查问卷来看，基础设施有待提高，餐饮条件亟待改善。调查显示，停车场数量少，停车位紧张。公共厕所数量少，尤其母婴室数量更少。残疾人设施建设不足，导游图及安全标示缺乏规划，覆盖面有待提高，景点内的儿童游乐设施建设需进一步加强，餐厅费用较高。

（六）总结与建议

（1）进一步加强监测力度，挖掘景区景点的发展规律。根据上述分析可以看出，稻香湖旅游度假区"十一黄金周"游客数量较大，但人均消费较低，仅为全年人均消费的四分之一左右。同时，景点营业收入波动性较强，反映出企业在经营过程中面临的较大市场风险。稻香湖景酒店是度假区的核心资源，餐饮、住宿收入是其主要收入来源，其他收入占比在逐年提高，建议予以重视。

（2）加强对景区景点的宣传力度，持续提升景区景点的知名度，加强网络门户建设，充分利用"互联网+"的力量，提升自身影响力。加大政策选出力度，政府及有关部门在政策上进行讲解，让企业了解政策如何正确灵活的运用，给予企业更多的支持与帮助。

（3）进一步加强景区景点的公共设施建设，丰富产品类型，提升服务品质。黄金周期间，加大通勤车的数量与频次，同时建立景点间的交通联系，方便出行。对停车场实行智能管理，随时掌握停车空间，提升自身停车场的有效利用，同时，规划地面停车场建设为立体停车场扩展停车的空间容量。

海淀区设计类企业调研报告

2012年，北京市被联合国教科文组织授予"设计之都"称号，成为八大设计之都之一。海淀区作为全国重点高校、科技企业云集、文化氛围强区，在人才智力资源、文化景观、创新能力等方面具有无可比拟的优势。

为进一步加强"设计之都"的发展动力，建设有海淀区发展特色的设计产业，本次调查选取三类典型企业[①]作为研究对象，采用问卷和访谈的形式，对大中小型企业[②]进行深入调研，挖掘设计类企业发展过程中的问题与机遇，借鉴北京市设计活动的成功经验与不足，提出具有一定针对性的建议。

一、设计类企业发展状况

海淀区设计类企业的成立时间主要集中在1994~2013年之间；其中，大约1/3的企业成立于2005年之前，2/3的企业成立于2005年之后，2009~2013年是企业成立的高峰时段。

（一）研发设计

R&D经费投入略有上升，人才培养经费支出不足，各类企业设计创新

[①] 三类企业分别为：第一类：规划、建筑、景观、室内设计类企业；第二类：工业设计类企业；第三类：科技数字、文化传媒类企业。

[②] 大中小型企业划分与选取：以主营业务收入为划分依据，大型企业（主营业务年收入2000万以上）选取27家，中小型企业（主营业务年收入2000万以下）选取69家。

能力较为均衡。

企业规模在一定程度上决定了其技术研发投入，[①]海淀区约有2/3的设计类企业的注册资本低于100万元，2010~2012年间，总体投入额度略有上升，但研发设计投入比重偏低。2010年与2011年的人才培养经费支出均在50万以下，2012年的人才培养经费略有提高，中小型企业的人才培养力度亟待加强。

从获奖情况来看，2010~2012年获奖总数逐年上升。奖项的分布范围有所扩大，而且各类设计企业的发展水平相对均衡。比较有代表性的奖项有中国建筑设计金奖、中国规划设计金奖、亚洲数码设计大赛终奖、2012年第二届国际景观规划设计大会金奖、中央电视台纪录频道2012年度创作奖等等。

（二）行业交流

调研发现，近三年来国内交流次数在2次及以下的企业占80%以上，3次及以上的企业不足20%，且交流次数较多的企业往往是大型企业，中小型企业国内同业交流次数非常少。造成这一现象的主要原因有两点：一是同业竞争形成交流壁垒；二是由于经费等原因缺少交流平台。与国内交流情况相反，大型企业约有80%从未同国外同行进行过任何交流，而中小型企业则约有75%进行过2~3次交流。

（三）设计人才

海淀区设计行业从业人员的总体学历水平较高，全部在大专及以上。其中，67.4%的从业人员拥有本科学历，占据绝大多数；大专学历占23.3%，硕士研究生占9.3%。

从培训及交流状况[②]来看，只有26.5%的从业人员有过在职进修与培训

[①] 研究显示：企业规模与研发投入有一定的联系。企业研发分为独立研发和合作研发，大型企业和小型企业合作研发比例较高，而中型企业合作研发比例较低，呈现出"U"型结构。

[②] 培训及交流状况分四个维度：在职进修与培训经历、出国考察与交流经历、国内合作与交流经历和国内外专业获奖经历。

经历，大部分从业人员没有经历过任何培训或进修；从交流状况来看，6%的从业人员有过出国交流与考察的经历，23.5%的则有过国内合作与交流经历，大部分从业人员既没有国内交流合作经历，也没有国外考察与交流经历；从获奖状况来看，只有7.6%的从业人员有过获奖经历。

从收入及福利来看，年薪在3万–5万的人数最多，约占34.2%，其次是5万–8万（22.8%）和8万–12万（19.3%），12万及以上和3万以下的比例均约10%，大部分从业人员处于中等收入水平。享受企业所提供的五险一金的从业人员占62%，仅部分享受五险一金[①]的从业人员占38%；值得注意的是，部分享受五险一金的从业人员中，享受住房公积金的比例高达94.4%；其次是生育险，约占5.6%，失业、养老和医疗险基本处于缺失状态。

（四）价格竞争与知识产权保护

恶性价格竞争和知识产权保护成为制约设计行业发展的重要问题，38.8%的企业认为解决知识产权保护问题的难度小于价格竞争。由于单个企业只能接受而无法改变目前的市场秩序，因此，大部分企业把整治市场秩序的希望放在政府身上。58.8%的企业认为解决价格竞争问题是设计行业的"老大难"问题，35.3%的个人问卷也表现出同样的结果。

访谈过程中发现，大型企业往往对于知识产权问题比较重视，知识产权纠纷相对比较少；中小企业由于自身的知识产权保护意识也比较淡薄，缺少资金和相应的保护措施，因此容易出现法律纠纷。

（五）企业融资与所有权状况

设计类企业的资金主要来自于国内民间资本市场。调查显示，96%以上的企业是民营企业，只有不到4%的企业属于国企，集体企业和港澳台商企业占比基本为零。

从投资结构来看，企业资金的主要来源分别为民间或私人资本

[①] 部分享受五险一金是指仅享受五险一金中的一种或几种，但不享受全部的五险一金。

（83.33%）、股票和债券市场融资（11.11%）和贷款资金（5.56%）；政府投资、外资、上市融资、风险投资等的比例基本为零。而从股东结构上看，大部分股东为自然人股东，且自然人股东人数均低于4人。

（六）企业发展过程中的问题

税收支持较少、人才短缺、缺乏有实效的交流合作平台以及市场秩序较差成为阻碍设计行业发展的四大因素。

调查显示，在企业层面，税收支持太少、缺乏现代经营管理知识、人才短缺和缺少交流合作平台是企业遇到的最大的困难；在个人层面，税收支持较少、缺乏有效的宣传推广渠道、人才短缺和资金短缺则是最主要的问题。

很多企业提出了自己对于解决目前问题的建议和想法，主要集中在以下几点：

第一、明确768创意产业园的功能定位，并提供相应的扶持资金与政策；

第二、拓宽融资渠道，在资金申请和贷款限制方面，逐渐减少对优秀设计企业的限制，酌情减少税收负担；

第三、希望增添留京名额，为专业技术人员提供更便捷的职称评定途径；

第四、加强交流平台建设，使商业信息、人才信息、学术信息的获取更加全面及时。

二、北京市发展设计产业的两大尝试及其利弊

北京市为进一步推动设计产业发展，推出设计周活动和北京林业大学全产业链试点项目，从搭建国际交流平台、加强产业链合作创新方面做出有益尝试，值得学习和借鉴。

（一）设计周活动

国际设计周旨在汇聚国际设计资源，助力北京"文化中心"建设；转化科技成果，促进中国设计产业的发展；打造北京创造、北京服务品牌；

扩大中国设计品牌影响力,促进设计交易;推动"中国制造"向"中国创造"转变。

1. *活动介绍*

自 2009 年起,北京已经先后成功举办四届国际设计周。2012 年国际设计周以"设计提升城市品质"为主题,包括开幕式暨颁奖典礼、年度设计奖、主宾城市、北京国际设计品交易会、国际信息设计展、北京设计论坛和设计之旅 7 个主体活动。

2. *活动成果*

设计周期间设计交易额突破 30 亿元,取得六大成果。

一是"北京文化客厅",汇集了知名设计师与艺术家设计的家具、配饰、艺术品等,进一步加快培育高端文化市场需求。

二是展品拍卖,视觉中国锐店、淘宝拍卖会和保利拍卖对部分设计周展品进行线上拍品拍卖,涉及国内外顶尖工业设计大师的 150 个作品。

三是珠宝艺术,金宝汇购物中心联合知名珠宝艺术家钟华,呈现了一场珠宝艺术的视觉盛宴。

四是建筑艺术,为期一周"草场地共同体"的活动为观众献上了一场设计盛宴,由意大利 Local Design Studio 和中国著名当代艺术家与非物质文化遗产传承人灯笼王跨界合作的"草场地临时建筑",体现了"艺术,设计与科技"力量的大胆尝试。

五是民俗艺术,民艺七展为探索当代民艺设计产品以及产业可持续发展提供新路径。

六是家居艺术,活动展出了中国家居行业首家原创家居生活馆——"億空间",特别邀请 BDF 的国际品牌参展商到北京参观,携手红星美凯龙洽谈合作意向。

3. *存在的问题*

设计周在内容组织、活动宣传方面存在一些缺憾。一是高校参与度不高,企业、设计人员、行会的参与度较高。二是形式化较为严重,"展出"多于"介绍"和"交流"。三是活动主要局限于行业内部,对外宣传力度不足。

（二）北京林业大学全产业链试点项目

北京林业大学在园林景观、艺术设计等领域，形成"产学研用"全产业链。该产业链一方连接高校，另一方连接企业，对推动人才智力资源转化为企业的经济收益具有示范效应。

1. 项目介绍

北京林业大学全产业链包含三部分主体：一是院系，包括艺术设计学院、园林学院和生物科学与技术学院，是产业链的基础和智力资源汇集地；二是鹫峰林场，该林场作为北京林业大学实验基地和教学示范基地，不仅集教学实习、科研、科普、旅游为一体，而且是北京市苗圃培养基地，在《北京市百万亩造林计划》中承担重要角色；三是北京北林地景园林规划设计院有限责任公司，主要从事园林景观的新类型以及新领域研究，致力于优秀园林景观设计与实现。北林地景与林业大学之间的天然合作关系为企业本身注入了持续发展的动力，而与林场的合作关系则为企业项目发展和规划提供了实验基地。

2. 全产业链合作优势

目前，国内企业与高校之间的合作普遍存在，但大部分停留在项目合作层面，注重短期效益，无法形成持续、深度的互动和交流。从双方的长远发展来看，这种合作的收益基本为零。

北京林业大学全产业链试点项目为高校与企业之间合作做出典范，合作具有如下优势：一是作为产业链中的重要环节，北林景地不仅承担起高校设计人才的实验基地和科研基地，而且也是人才的就业基地和发展中转基地。二是高素质设计人才为企业提升知名度和人才吸引力发挥着重要作用。三是设计理论、经验的积累促使企业不仅专注于设计理念的提升，更专注于设计产品的实用性和大众化，而后者则在产业链条的延伸和细化方面发挥了重要作用。因此，全产业链合作具有技术外溢和产业带动效应。

3. 存在的问题

目前，在试点项目合作过程中，还存在的一些不容忽视的问题：

第一、合作具有偶然性，受人为因素影响较为严重，缺乏制度保障。

一旦关键人物的合作意愿减弱,则双方的合作关系就会受到影响。

第二、合作深度和范围需进一步加强。目前,大部分高校的设计学者很少与企业来往,仅有少部分高校设计方面的学者在企业内部任职。同时,合作范围狭窄,应努力实现广泛化多方位、多专业、多领域的合作,完善交流活动机制,使之常态化、制度化,保证合作的顺利进行。

三、政策建议

基于目前海淀区设计行业的整体发展现状,结合新制度主义理论、人口生态学理论,设计行业的发展必须依靠同行企业、高校、政府以及媒体这四类主体的合作与支持。因此,建议如下:

一是维护市场秩序,加强交流合作。调查显示,海淀区设计类企业处于竞争环境下的市场结构,鼓励企业之间适当竞争,减少或禁止不正当竞争的出现,有利于促进整个行业的健康发展;同时,设计行业的特殊性要求更为广泛的交流与探讨。积极搭建不同规模的交流平台,提升交流质量,进而加强企业合作,为设计类企业生存和发展创建顺畅的沟通渠道。

二是加强校企合作,积极探索合作新模式。进一步加强校企互信机制建设,为一线科研人才安置提供保障。大力推动高校中的优秀设计人才、学者在设计企业中任职锻炼,强化双方的制度联系。

三是加大财政支持力度,加快配套政策的实施。对于发展好、有潜力的企业应在税收、融资等方面提供支持,加快企业成长速度;建立配套的扶植政策,整合优势资源,争取在重点领域、重点项目上有所突破。

四是加大媒体宣传力度,充分发挥新媒体、新技术的力量。积极推动媒体的跟踪报道,加强在不同行业、不同公众群体间的宣传力度,促进全社会对于设计行业发展的理解。挖掘网站、微博、微信等新媒体、新技术的快速传播能力,多方位、多渠道宣传设计行业和优秀设计作品。

海淀区推进博物馆和艺术品交易行业快速发展繁荣对策研究

2013年12月,习总书记在中共中央政治局关于提高国家文化软实力研究的集体学习会上,对博物馆事业提出了新的要求:要系统梳理传统文化资源,让收藏在禁宫里的文物、陈列在广阔大地上的遗产、书写在古籍里的文字都活起来。

艺术品交易与博物馆行业关联紧密,相互促进,二者"联姻"的艺术衍生品市场前景广阔,为海淀文化创意产业提供了重要生长空间,应从文化发展的战略全局高度着力加以推进。

一、海淀区博物馆和艺术品交易行业的发展现状

(一)海淀区博物馆业发展现状

1. 海淀区博物馆资源丰富,类型齐全

全市博物馆数为162座,海淀区拥有25座,[①]占全市的15.4%,是博物馆大区,也是博物馆强区。

2013年,海淀区文化发展促进中心根据《博物馆条例(征求意见稿)》对海淀区各类博物馆进行统计,共计48家,列入市文物局系统内的博物馆

---

① 数据来源:《2012年北京区域统计年鉴》。

5家。其中，综合历史类博物馆8家；① 科技自然类博物馆6家；② 古建遗址类博物馆3家；③ 名人故居类博物馆5家；④ 文化艺术类博物馆21家，⑤ 特色博物馆5家，⑥ 种类齐全，颇具规模。

2. 博物馆投资主体多元化趋势明显

国家文物局在《全国博物馆中长期发展规划》中提出，到2020年，民办博物馆的数量将占博物馆总量的20%。《北京市海淀区"十二五"时期文化建设与发展规划（2011–2015）》对博物馆发展目标与任务指出：建设具有海淀地区特色的专题博物馆（包括企业博物馆和民间主题博物馆），根据社区分布特点与群众文化需求创新文化馆建设，充分发挥其在文化生活中的作用。

根据北京市社会组织公共服务平台发布信息显示，北京市经民政局审批注册的各类民办博物馆共29家，占全市博物馆数的17.9%。海淀区拥有博物馆48家，其中民办博物馆约占三分之一，但是在北京市民政局注册的民办博物馆仅有3家，⑦ 如何推进其他民营博物馆的健康发展是我们迫切需要关注的问题。

（二）海淀区艺术品行业发展现状

《北京市海淀区"十二五"时期文化建设与发展规划（2011–2015）》指出：加快发展文化旅游、会展、艺术品等其他文化创意产业，形成具有全国乃至全球影响力的文化创意产业发展体系。

海淀区艺术品行业发展已经纳入《北京市海淀区"十二五"时期文化建设与发展规划（2011–2015）》，重点发展高端艺术品交易市场，形成

---

① 军事博物馆、团城演武厅、中国人民大学博物馆、海淀博物馆等。
② 航空航天博物馆、蜜蜂博物馆、电信博物馆、软件博物馆等。
③ 香山双清别墅、大觉寺、龙泉寺。
④ 李大钊烈士陵园、曹雪芹纪念馆、纳兰性德史迹陈列馆等。
⑤ 石刻艺术博物馆、北大赛克勒考古艺术博物馆、凤凰岭美术馆、中间美术馆等。
⑥ 皇家菜博物馆、沉香博物馆等。
⑦ 中间美术馆、银河空间美术馆和香麓园抗战名将纪念馆。

"一个市场、两个平台"的建设思路。①

1. 艺术品交易规模小，提升空间大

2013年1月至11月，北京市规模以上艺术品交易企业实现收入889.5亿元，大兴区和东城区分别以353.86亿元和270.61亿元位居全市前两名。其中，大兴区的艺术品交易行业收入主要来源于中国黄金集团黄金珠宝有限公司。

"十二五"以来，海淀区艺术品交易行业规模以上单位保持在7~8家（主要集中在纪念币、金银纪念品、珠宝首饰等艺术品交易行业），年度收入呈下滑趋势。截至2012年底，北京市艺术品交易行业收入合计631.2亿元，同比增幅3.2%，海淀区艺术品交易行业收入合计30.4亿元，同比增幅-12.1%，仅为北京市行业收入的4.8%。

2. 中国工艺艺术品交易所建设成效显著

2013年初，海淀区重点引进中国工艺艺术品交易所入驻大钟寺地区。艺交所于2013年12月开始试运营，其所在的中国艺术品大厦也将同时投入使用。艺交所的引进和海淀区现有的资源将对推动博物馆和艺术品交易行业发展发挥重要作用。

（三）海淀区博物馆和艺术品行业融合发展优势显著

海淀区拥有庞大的文化消费群体，区内文化市场繁荣。截至2012年底，海淀区人均可支配收入为41842元，居于全市的领先水平；常住人口348.4万人（其中户籍人口230.7万人）。②

中心区的人口素质较高，受过高等教育的人口比例达50%以上，中国内地排位前50名的大学，有15所在海淀，占比30%；中国科学院在京院所中，有26所在海淀，占比60%；国家高新技术企业4400家，全市占比接近60%，全国占比11%；规模以上文化创意产业单位数2828家，占北京

---

① 即在海淀区域内建立大型艺术品交易市场，引进国内外大型艺术品交易企业入驻；推进艺术品交易与高科技相融合，建立艺术品网络交易平台；为艺术品交易企业、艺术家、艺术品收藏机构等建立一个集艺术品交易、艺术品鉴定、艺术家信息查询等功能为一体的服务平台。

② 数据来源：海淀区2012年国民经济和社会发展统计公报。

市三分之一。

海淀区鲜明的区情特色,良好的人口文化素质和较高的人均收入水平,决定了海淀区居民对文化消费的热切需求,必将持续推动海淀区博物馆和艺术品行业的发展。

二、海淀区博物馆和艺术品交易行业存在的主要问题

(一)博物馆和艺术品交易行业发展相对缓慢

据统计,海淀区2012年文化创意产业总收入3914亿元,产业规模一直稳居北京市16区县首位。但是,博物馆所在的文化艺术行业和艺术品交易行业在北京市16区县中排名第六,位居大兴、东城、西城、房山、朝阳之后。海淀区博物馆数量虽居北京市前列,但由于博物馆隶属关系复杂,软硬件设施及内部管理水平相差悬殊,致使现有博物馆的质量参差不齐,整体水平不高,达到世界发达国家管理水平的博物馆更是寥寥无几。

艺术品交易行业收入在海淀区文化创意产业中仅占2%,在全市文化创意产业各行业排名中最靠后(见表1)。

表1 2012年海淀区文化创意产业各行业收入在全市排名情况

	文化艺术	新闻出版	广播、电视、电影	软件、网络及计算机服务	广告会展	艺术品交易	设计服务	旅游、休闲娱乐	其他辅助服务
排名	4	3	1	1	3	5	1	3	3

而广播、电视、电影,软件、网络及计算机服务业规模以上企业的收入占全市的比重均超过70%,设计服务行业收入占全市的比重超过30%,排名均为全市第一。

根据海淀区统计局进行的2012年文化生产力评价分析显示,海淀区文化生产力和文化创意产业发展在区县中得分和综合排名均为第一名。① 网络媒体业、数字出版业、数字影视业、动漫游戏业、设计服务业、文化装备

---

① 资料来源:《2012年海淀区文化创意产业发展报告(修订版)》。

业等6个细分行业,海淀区具有全国竞争力。[①] 与其他行业形成鲜明对比的背后,是艺术品交易行业的巨大发展潜力。

(二)博物馆人才匮乏,展览水平亟待提升

我国自己培养的历史、考古专门人才主要集中在20世纪50年代至60年代和80年代以后两个时期,前一时期各地博物馆的领导或业务骨干大部分已退休。由于博物馆的需求量大,现有人员中的多数还属于"半路出家",表现为人才的数量不足、质量不高、优秀的管理人才短缺等。从目前海淀区博物馆的人才结构看,专家队伍出现青黄不接、后继乏人的状况;中年业务骨干担负的任务繁重,没有时间和精力参加业务进修等现象。同时,博物馆和艺术品现有统计体系不完善,馆藏文物数量少,致使展览水平不高,未能有效吸引观众。

三、加快推进海淀区博物馆和艺术品行业发展繁荣的战略对策

(一)总体要求

总体要求:充分发挥国家级文化科技融合示范区的引领带动作用,以"建设国内一流博物馆群落发展示范区"为基本目标,将博物馆建设和城市发展完美融合,与艺术品行业共同推进,形成市场主体集聚、文化消费活跃的艺术品发展格局,全力助推海淀文化强区建设。

(二)思路创新

以产业化为根本抓手带动文博事业发展,把博物馆作为文化创意产业的重要元素和主要节点,与艺术品交易行业共谋划、同推进,充分利用活动经济、体验经济效应,活化传统博物馆文化,挖掘传统博物馆文化内

---

① 资料来源:搜狐焦点.海淀区首次发布文化创意产业发展报告白皮书[EB/OL]. http://house.focus.cn/news/2013-04-01/3072183.html. 2013-04-01/2014-01-16.

涵，探索具有海淀特色的博物馆和艺术品发展新路径。

（三）强化"三个结合"，进一步拓展博物馆产业链①

以"三个结合"为抓手，通过与旅游业结合、与艺术品行业结合、与会展行业结合，拓展文化创意产业链条，把博物馆打造成文化综合体，并以此带动周边区域会展、旅游、艺术品、餐饮、住宿等行业发展，形成文化功能区，促进旅游业从门票经济向税收经济转变，推动艺术品业从高雅经济向大众经济转变。

对于海淀区博物馆群落来说，一方面应加快完善自身配套功能，另一方面应打破区域行政与功能界限，与周边的商场、酒店、休闲娱乐等资源进行合作，以主设施、主功能为核心，打造共享体系，不为所有，但为所用，实现共赢发展。

（四）培育"四大品牌"，倾力打造海淀文化高地

通过培育"四大品牌"建设，弘扬民族文化，发挥海淀区文化产业集聚效应，推动区域文化高端化发展。

一是成立"海之淀"博物馆与艺术品行业联盟，旨在整合海淀区博物馆资源，联合各成员单位共同策划举办展览展示及文化活动项目。

二是打造"中国博物馆论坛"品牌，以故宫博物院北院区落户海淀区为契机，在每年5月18日的国际博物馆日，召开中国博物馆论坛。通过举办各种宣传、纪念活动，庆祝国际博物馆日，让更多的人了解博物馆，更好地发挥博物馆的社会功能，同时开展博物馆文化旅游。

三是举办"北京国际新媒体艺术双年展"，重启中关村的品牌积淀，积聚高水准的国际新媒体艺术家，拉动我区高科技企业在新媒体艺术的应用。

四是打造"亚洲第一站文化走廊"品牌，以中华世纪坛、军博、玉渊潭为核心博物馆群落进行品牌形象策划，打造北京新的文化名片和地标。

---

① 产业链的一大功能是可以实现价值增值。比如说链式组群形成文化生态链可以实现一种价值的轮次提升，迪士尼的产业链就是这样的方式。它最早是动画制作，销售仅完成成本回收，第二轮是迪士尼乐园每一元门票带动八元的消费，到了第三轮现在是品牌授权和连年经营占盈利的40%。

（五）五大举措

海淀区具有先天的文化优势，加强博物馆和艺术品交易行业的融合发展，需要一系列有力的措施。

一是优化空间布局。通过资源优化整合，从注重艺术体验的角度整体规划行业发展，形成"1+1+3"[①]行业发展新格局。二是体制机制创新。激活丰富的民间资源，鼓励社会力量对博物馆事业的资助。三是大力开展人才培养工程。人才问题是制约博物馆发展的瓶颈，建立海淀博物馆和艺术品交易行业人才数据库，完备管理、研究、会展策划、文物鉴定等各类技术人才，加强志愿者服务队伍建设，采取多种形式丰富人才培养模式。四是培育"五化"型博物馆，即人性化、艺术化、体验化、特色化、现代化。五是加强营销和宣传，提升海淀博物馆和艺术品交易行业世界美誉度。搭建品牌宣传塑造平台，鼓励开展不同类型的文化推介活动，加强整体形象的对外宣传，精心培育区域品牌。

---

① 第一个"1"是引进中国博物馆协会落户海淀；第二个"1"是拓展"高校艺术空间"；"3"是布局三个博物馆群落，南部地区布局以世纪坛、军博、玉渊潭为核心的博物馆群落，中部大钟寺地区布局以中国艺术品大厦（艺交所）、爱家国际收藏品市场、大钟寺古钟博物馆为核心的博物馆群落，北部地区布局以故宫北院和南沙河沿线为核心的博物馆群落。

海淀区文化领域非公企业党组织建设基本情况调查报告

为进一步加强文化领域非公企业党组织建设工作，夯实海淀区文化发展的中心力量，在相关部门的指导下开展了海淀区文化领域非公企业党建情况调查。本次调查涉及面广、任务量大、时间紧，是一次全面的摸底调查。

一、调查背景

调查内容分为两部分：一是《文化领域非公企业党组织基本情况调查表》，涉及被调查企业的主营业务、2012年营业收入、公司领导的政治面貌、党员统计等13个项目；二是《北京市文化领域非公企业党建工作调查问卷》，由基本情况、党员填写部分、党员和非党员共同填写部分组成。本次调查以电话邀请的形式通知企业2364家，覆盖文化创意产业中9大行业规模以上的非公企业，涉及面达90%。

经多方努力，调查共采集《文化领域非公企业党组织基本情况调查表》622份；采集《北京市文化领域非公企业党建工作调查问卷》420份。截至2012年底，涉及被调查企业营业收入合计915亿元，占海淀区文化创意产业收入的25%，参与调查的企业员工118381人，占2012年海淀区从业人员的5%。其中，软件、网络及计算机服务业是海淀区的龙头行业，共涉及 386 家单位，占被调查企业的 62%；386 家单位 2012 年总营业收入 690 亿元，占被调查企业年总营业收入的 75%；从业人数 97659 人，占被调查企业从业人员的 82%。值得注意的是，622 家企业中有 423 家公司在职工入职时有员工政治面貌统计，占比 68%，其余企业在职工入职时没有员工政治面貌统计。

二、党组织发展现状

（一）党组织建设情况

从党组织建设情况看，本次被调查的 622 家非公企业中，461 家企业有党员，占被调查企业总数的 74%；147 家公司成立了党组织，占被调查企业总数的 24%。其中，设党支部的 114 家，设党委的 17 家，设党总支 11 家，设联合党支部 5 家。

未成立党组织的 475 家企业中，绝大多数企业认为不需要或不关注党组织建设。对于党组织关系的存放问题，多数企业不关注或认为放在街道较为适宜，具体统计情况如下：

表 1　党组织建设与党组织关系存放调查结果统计表

	调查项目	企业数量（个）	占比
党组织建设	需要新建党组织	11	3%
	不需要新建党组织	218	61%
	不关注	127	36%
党组织关系存放	存放在街道	185	39%
	存放在行业主管部门	57	12%
	存放在行业协会	48	10%
	存放在文创园	33	7%
	不关注	152	32%

注：475 家企业中 357 家填写了对党组织建设的看法。

（二）党员干部任职情况

党员干部以兼职为主，企业职务集中在高层管理人员。147家有党组织书记的企业中，135家党组织书记是兼职，占总数的92%；其中，21家企业的一把手兼职该单位的党组织书记，占147家的13.1%；从党组织书记兼职的职务分布来看，主要有：董事长、公司总经理、副总、集团副总裁、总工程师、经理、部门总监、行政总经理、财务总监等高层管理人员。

（三）党组织活动及活动经费情况

半数以上建立党组织的企业能够有效开展党组织活动，活动经费主要来源于上缴党费、上级组织下拨和企业出资。147家建立了党组织的企业中，76家开展了党组织活动，占比为51.7%，惠及党员人数5290人。截至2012年底，被调查企业党组织活动经费共计143万元，人均活动经费272元，党费中来自上交党费的占49%，上级组织下拨占25%，企业出资占23%，其他占3%。

党组织活动的主要内容包括：21%的企业学习党的理论路线方针政策，21%的企业开展文体活动，17%的企业召开民主生活会，15%的企业进行党史教育，参观教育基地、红色旅游等其活动占13%。

调查显示，44%参与调查的党员认为党组织"能正常开展活动，且有吸引力"，38%参与调查的党员认为"能开展活动，较单调，吸引力不够"。绝大多数党员一年内都参加了党组织活动，① 仅有17%的党员一年内没有参加任何党组织活动，平均每名党员在一年内参加2次党组织活动。

值得注意的是，党组织活动内容和形式的创新是激发党员参与组织活动积极性的动力。例如：北京温菲尔德石油技术开发有限公司举办的"驻岗、兼岗、亮岗"主题党建活动，群众路线教育实践，"比学赶帮超"等党组织活动；浪潮（北京）电子信息产业有限公司开展的"大数据研讨会，我为公司发展献计策"等党组织活动。这些根据本企业发展特点的党组织

---

① 一年内参加了1~2次党组织活动的党员占57%，一年内参加了3~5次党组织活动的党员占20%，一年内参加了6次以上的党组织活动的党员占6%。

活动深受员工欢迎。

（四）党员与非党员对党建工作的评价情况

本次调查的《北京市文化领域非公企业党建工作调查问卷》第三部分是由 420 名党员和非党员企业员工共同填写的内容，其中党员 110 人，占比 26%；共青团员 66 人，占比 16%；普通群众 244 人，占比 58%。参与调查的人员中，62% 的员工认为非公文化企业需要建立党组织，61% 的员工对企业党组织自身建设较为满意，[①]82% 的员工认为党组织的团结凝聚力较强。

调查显示，32% 的员工认为企业党组织在反映和实现诉求方面发挥了积极作用。而当前非公文化企业的政治和利益诉求主要有：对非公文化企业在资金、审批程序和条件、降低门槛等方面提供政策支持；需要拓展和畅通向党和政府反映诉求的渠道；需要借助党和政府的力量帮助宣传推广企业品牌等，扩大社会影响力；非公文化企业家的政治地位与经济贡献不匹配，应提高其政治待遇。

三、调查中反映的突出问题

从本次调研来看，当前非公企业的党建工作主要存在以下问题：

（一）党组织建设缺口大，任务重，新增党组织发展缓慢

从历年区内非公企业党组织增长数量上来看，1985~2012 年间，2001 年以前增长缓慢，2001 年以后增长数量迈上新台阶，2008 年到达顶峰，多达 19 家；之后，非公企业党建工作没有明显进展，并且有下降的趋势，2012 年下降到 10 家。

本次调查显示，622 家规模以上非公企业中，475 家公司没有成立党组织，占参与调查企业的 76%；党员人数在 3 人以上[②]的共有 368 家，221

[①] 据调查，评价认为好的人员占 28%；认为较好的人员占 33%。
[②] 根据《中国共产党党章》第五章 第二十九条规定：企业、农村、机关、学校、科研院所、街道社区、社会组织、人民解放军连队和其他基层单位，凡是有正式党员三人以上的，都应当成立党的基层组织。

家没有建立党组织，占比高达60%；161家企业没有一个党员，涉及员工30653人，产值230亿元。

初步推算，目前我区文化领域2364家规模以上非公企业，将近1800家企业没有建立党组织，其中，党员人数在3人以上约1400家，按照以往每年19家新增党组织的最快发展速度，至少需要73年。

值得注意的是，475家未成立党组织的企业中，401家企业接受了是否需要成立党组织进行调查，380家表示不需要建立党组织，占参与调查企业的95%。

（二）党员人数少，比例低，新党员发展工作亟待加强

据调查，622家规模以上企业党员总人数10655人，党员仅占职工总数的9%，平均职工人数190人，员工平均年龄33岁，青年人占绝大多数。其中，547家有党员的企业中，平均党员人数不足20人。2012年全年，1328人申请入党，仅占职工总数的1%，政治上要求进步的人数少，党员队伍急待新鲜血液的补充。

同时，企业一把手的重视程度、参与程度和表率作用对党员队伍建设起到重要作用。622家被调查企业中，只有20家企业的一把手兼任该企业的党组织书记，占全部企业的3.2%。62%的非公企业一把手不是中共党员，非公企业的一把手往往是社会的精英人士，如何发挥党组织在社会精英团体中的作用，凝聚并发展这一群体入党，是更加值得重视的问题。

（三）党组织活动少、经费不足、形式僵化，需进一步提升

调查发现，622家非公企业中，147家有党组织的企业只有76家经常开展党组织活动，71家不积极开展党组织活动，475家没有建党组织的非公企业根本不开展党组织活动，缺乏党组织活动的企业比例高达88%。没有开展活动的原因有：企业出资人不重视、党组织领导不重视、经费不足、工作原因无法集中、公司成员经常出差。其中，经费不足占50%，[①]是导致

[①] 147家有党组织的企业中31家没有开展活动，其中22家说明了没有开展党组织活动的主要原因。

党组织活动难以顺利开展的主要原因。

2012年度，被调查非公企业中有116家开展党组织活动，这116家企业共有党员5290人，年度活动经费143万元，人均活动经费272元。其中，56%的企业认为党组织活动经费够用，44%的企业认为经费不够用。党组织活动形式主要集中在：学习党的理论路线方针政策占25%，开展文体活动占24%，民主生活会占比19%，党史教育占17%。党的理论路线政策方针学习占比较少，对党员理论素养的提高有一定限制。

四、政策建议

针对本次调查的现状，我们提出以下建议：

（一）制定海淀区文化领域非公企业党建工作发展规划

目前海淀区文化创意产业规模以上企业2800家，据调研，党组织覆盖面仅为25%，海淀区文化创意产业规模以上企业两千多家中约有4万名党员，占从业人员的9%。

建议有关部门做好以下工作：

（1）制定海淀区文化领域非公单位党建工作10年发展规划；

（2）制定新建党组织发展计划，力争达到党组织覆盖面提高一倍；

（3）制定每年发展新党员计划，力争达到非公企业党员占企业总人数的比例接近国有企业水平。

（二）加强领导，突出重点，整体推进非公企业党建工作

建议有关部门在推进非公企业党建工作中，具体做好以下几个方面：

1. 各部门协同推进，稳步实施

推进非公企业党建工作是一项系统工程，需各部门协同推进，稳步实施。非公企业党建工作有很多具体工作，如党组织建设、发展新党员、党的宣传、党组织关系等，各项工作建议统一领导，在任务分解的基础上，落实到责任部门，稳步实施。

2. 摸索在非公单位中建设党组织的规律，逐步推广建设经验

根据本次调查的结果，党员人数在3人以上的共有368家，其中只有147家建立了党组织，221家没有建立党组织。其中有9家明确表示希望成立党组织，另有党员人数在3人以上，没有成立党组织，并且对成立党组织感兴趣的非公企业共有66家，建议有关部门，新建党组织的工作可以从有意愿建立党组织的非公企业开始。

3. 建立非公企业一把手入党工程

根据本次调查的结果，针对那些"已经建立有党组织，一把手不是党员"的非公企业，要重点发展这些非公企业的一把手入党工作。一把手成为党员后，将产生巨大的模仿效应，并建议鼓励非公企业一把手是党员的单位，一把手兼任党组织书记职务。一把手入党工程的举措将有力推进非公企业的党建工作。

（三）建立非公党建工作的长效跟踪调查反馈机制

通过本次调查，我们认为建立非公党建工作的长效跟踪调查反馈机制，将有利于今后我区非公单位党建工作的开展。本次非公党建调查后，我们的非公企业及其党员、非党员职工的信息及数据，通过调查的数据，我们可以清楚地发现当前存在的问题，为提出解决问题的建议打下好的基础。

总之，我们希望本次文化领域非公企业党建调查对加强我区非公企业党建工作，提出一些有价值的参考意见，并加快我区非公企业党建工作进程。

参考文献

[1] 林榅荷，吕庆华.创意产业评价指标研究进展及展望［J］.商业研究.2011（11）.

[2] Cave，R. Creative Industries［M］.Cambridge，MA：Harvard University Press，2000.

[3] 汪明强，沈山.创意产业与国际艺术授权［J］.文化研究.2014（6）.

[4] United Kingdom：Department for Culture Media & Sport．Creative Industries Economic Estimates January 2015［EB/OL］.https：//www.gov.uk/government/statistics/creative-industries-economic-estimates-january-2015.2015-1-13.

[5] 国家统计局社管司.文化及相关产业分类（2012）［EB/OL］.http：//www.stats.gov.cn/tjsj/tjbz/201207/t20120731_8672.html.2012-7-31.

[6] 北京市质量技术监督局.文化创意及相关产业分类（2016）［EB/OL］.http：//www.bjstats.gov.cn/tjzd/tjbz/xyhcyfl/cyfl/201606/P020160614360408114829.doc. 2016-6-14.

[7] 倪蔚颖.文化创意产业集聚水平评价指标体系研究［J］.现代商贸工业.2011（2）.

[8] 仲伟周，郭彬，彭晖.我国零售业区域集聚影响因素的实证分析及政策含义［J］.商业经济与管理.2012（10）.

[9] 肖维歌.我国文化创意产业园区发展评价指标体系构建研究［J］.绍兴文理学院学报（自然科学）.2013（7）.

[10] 王怀，峦峰.上海中心城区市属创意产业园区的发展绩效研究［J］.城市更新.2013（1）.

[11] 陶喜红.中国电视广告行业市场集中度分析［J］.西南民族大学学报（人文社会科学版）.2013（10）.

[12] 黄天蔚，刘容志.长江经济带文化创意产业园创新能力评价研究［J］.科研管理.2016（4）.

[13] 王亚楠，胡雪艳，姜照君.社会资本、市场化程度与文化创意产业创新——来自中小微文化创意企业的调研数据［J］.西北大学学报（哲学社会科学版）.2016（11）.

[14] 李云，高艺.文化创意产业园区综合评价体系研究［J］.中国名城.2016（4）.

[15] 沈春苗，黄永春.产业集中度的U形演变规律在中国存在吗［J］.财贸研究.2016（2）.

[16] 霍步刚.国外文化产业发展比较研究［D］.大连：东北财经大学.2009.

[17] 易华，易小云，刘嫦娥.世界城市创意产业园区发展动力机制理论研究述评［J］.

经济问题探索.2012（2）.

［18］沈晓平，张京成.北京市文化创意产业的关联效应研究［J］.中国科技论坛.2017（7）.

［19］张京成.推动文化创意产业研究机构跨地域合作机制的建立［J］.深圳大学学报（人文社会科学版）.2012（5）.

［20］王林生，金元浦."一带一路"、京津冀一体化与文化创新发展——2016-2017年人文北京研究综述［J］.城市学刊.2017（5）.

［21］金元浦.当代世界创意产业的概念及其特征［J］.电影艺术.2006（3）.

［22］金元浦.创意城市的3.0版本：中外城市创意经济发展路径选择——金元浦对话查尔斯！兰德利（二）［J］.北京联合大学学报（人文社会科学版）.2017（1）.

［23］卫志民.文化创意产业发展的现状、制约与突破——一项基于北京文化创意产业发展的研究［J］.河南大学学报（社会科学版）.2017（2）.

［24］张娅萍，张晓.日本文化产业的振兴及启示——制度创新视角［J］.经济研究导刊.2017（16）.

［25］张京成，郭万超.北京文化创意产业发展报告（2017）［M］.北京：社会科学文献出版社.2017.

［26］李朝鲜，方燕等.北京文化创意产业集群效应研究［M］.北京：经济科学出版社.2015.

［27］郭万超.文化创意产业前沿（第三辑）［M］.北京：经济日报出版社.2017.

［28］陈桂玲，牛继舜，白静.日韩文化创意产业国际化发展经验解读及启示［M］.北京：经济日报出版社.2018.

［29］北京市国有文化资产监督管理办公室.北京市文化创意产业投融资实务：融资决策［M］.北京：北京联合出版社.2014.

［30］郭万超.文化创意产业前沿（第二辑）［M］.北京：经济日报出版社.2016.

［31］赵英，向晓梅，李娟.文化创意产业现状与发展前景［M］.广州：广东经济出版社.2015.

［32］赵继敏.城市文化创意产业发展研究——以北京为例［M］.北京：科学出版社.2016.

［33］李庆本，陈小龙，臧晓雯，王曦.文化创意产业"北京模式"与"昆士兰模式"比较研究［M］.北京：北京大学出版社.2015.

［34］北京市海淀区统计局.海淀统计年鉴（2012）［EB/OL］.http://hdtjj.bjhd.gov.cn/tjsj/ndsj/201306/t20130603_697496.html.2013-8-29.

［35］北京市海淀区统计局.海淀统计年鉴（2014）［EB/OL］.http://hdtjj.bjhd.gov.cn/tjsj/ndsj/201502/t20150228_697494.html.2015-2-28.

［36］北京市海淀区统计局.海淀统计年鉴（2016）［EB/OL］.http://hdtjj.bjhd.gov.cn/tjsj/ndsj/201611/t20161124_1321531.html.2016-11-24.

［37］北京市海淀区统计局.海淀统计年鉴（2017）［EB/OL］.http：//hdtjj.bjhd.gov.cn/tjsj/ndsj/201712/t20171227_1472308.html.2017-12-27.

［38］邹任余，王砚羽.创意产业评价指标体系构建研究［J］.技术与创新管理.2010（2）.

［39］陈沙沙.旅游业可持续发展评价指标体系探析［J］.大众商务.2010（2）.

［40］刑向阳.城市旅游业竞争力评价研究［D］.西安：西北大学.2014.

［41］章杰宽，姬梅，朱普选.国外旅游可持续发展研究进展述评［J］.中国人口、资源和环境.2013（4）.

［42］何林钰，杜亚君.国外乡村旅游发展对我国的启示［J］.现代商业.2015（10）.

［43］程瑞芳.环京津地区旅游交通与旅游目的地空间模式开发［J］.河北经贸大学学报.2016（1）.

［44］陆蓓蓓.新加坡旅游业发展中的政府行为对我国的启示［J］.城市旅游规划.2015（10）.

［45］周洪成，许道涛.智慧旅游背景下自助游体验优化研究［J］.通信与信息技术.2015（5）.

［46］张墨格.我国区域旅游业发展的统计分析［D］.长沙：湖南大学.2006.

［47］黄超，陈博，丁菲，胡学梅.从恩格尔文化系数看居民文化软实力［J］.现代商贸工业.2013（1）.

［48］刘园香.关于我国居民文化消费的问题研究［J］.决策与信息.2013（7）.

［49］王亚楠.全国各地文化消费需求增长状况分析与评价［J］.广西经济管理干部学院学报.2013（4）.

［50］黄德俊.数字内容产业发展影响因素的实证研究［J］.科技管理研究.2013（9）.

［51］蔡旺春.文化消费的约束因素研究［J］.经济论坛.2013（7）.

［52］王颖.文化消费与居民收入的敏感性关系分析［J］.浙江工商大学学报.2013（11）.

［53］高晨.我国旅游文化消费与经济增长关系研究［J］.时代金融.2013（5）.

［54］刘瑾，陶娟.我国休闲体育文化消费发展特征研究［J］.价值工程.2013（8）.

［55］喻莎莎.消费者认知对产品的文化价值影响力分析［J］.市场营销.2012（7）.

［56］黄丽坤.京沪文化创意产业发展比较研究［J］.经济数学.2017（3）.

［57］谭娜，高长春.上海创意产业远去绩效评价指标体系构建与实证分析.2011（2）.

［58］王伟年，张平宇.城市文化产业园区建设的区位因素分析［J］.2006（1）.

［59］张新芝，牛西.工业园区与新型工业化的发展关系研究［J］.统计与决策.2016（23）.

［60］李颖.新型城镇化背景下产业园区开发模式及创新路径研究［J］.2015（20）.

［61］陶喜红.中国传媒产业广告市场集中度研究［J］.新闻大学.2014（1）.

［62］冯根尧.我国文化创意产业园区的发展模式与聚变效应.绍兴文理学院学报.2013（7）.

［63］刘杨，顾海兵.文化创意产业统计：国际镜鉴与引申［J］.改革.2017（7）.

［64］袁海，吴振荣.中国省域文化产业效率测算及影响因素实证分析［J］.软科学.2012

（3）.

［65］张俊军.美国高科技园的启示及广西园区经济发展建议［J］.经济研究参考.2011（59）.

［66］方忠，张华荣.基于Malmquist指数的福建文化创意产业效率区域差异分析.2014（3）.

［67］刘红叶.欧盟文化政策研究［D］.北京：中共中央党校.2013.

［68］孙洁.文化创意产业集聚动力机制研究［D］.上海：上海社会科学院.2012.

［69］邱明静.区域文化产业评价指标体系的构建研究［J］.潍坊高等职业教育.2013（3）.

［70］郑洪涛.基于区域视角的文化创意产业发展研究［D］.开封：河南大学.2008.

［71］鲍枫.中国文化创意产业集群发展研究［D］.长春：吉林大学.2013.

［72］胡剑，徐茂华.公共文化发展的评估指标体系及其构建［J］.重庆社会科学.2013（10）.